Empoderamiento
de equipos

Libros de Cabecera
www.librosdecabecera.com

Libros de Cabecera pretende hacer llegar a empresarios, directivos, consultores, emprendedores, estudiantes y, en general, a cualquier persona interesada en el mundo de la empresa y la economía, contenidos que **inspiren a la acción** en el mundo de los negocios y la gestión empresarial.

La filosofía por la que nos regimos es la de la **divulgación rigurosa**, aunando la precisión en el tratamiento de los temas con una redacción fácil de seguir, que ayude a los lectores a la puesta en práctica de las conclusiones y sugerencias de los autores. Defendemos que los textos divulgativos y amenos pueden ser serios y rigurosos.

Aunque muchos de nuestros autores son noveles como escritores, todos son expertos en las materias que exponen. Nuestro equipo de edición, compuesto de profesionales que combinan las competencias editoriales con un amplio conocimiento del mundo empresarial, trabaja conjuntamente con ellos para que cada libro que publiquemos cumpla con los parámetros de **excelencia, simplicidad y orientación a la acción**.

Nuestras colecciones constan de manuales prácticos, libros temáticos, ejemplos de mejores prácticas, ensayos de actualidad y textos académicos con tono divulgativo.

En definitiva, ambicionamos que todos nuestros libros se lean y que sean la referencia sobre el tema que traten. Aspiramos a que se conviertan en auténticos *libros de cabecera* para nuestros lectores.

Confiamos, querido lector, que a ti también te ocurra con este libro.

Estamos a tu disposición en: editorial@librosdecabecera.com
También en Twitter: @libroscabecera

Empoderamiento de equipos

La clave para construir equipos innovadores, proactivos y resolutivos

Jorge Melero

LIBROS de Cabecera
Temáticos

www.librosdecabecera.com
Barcelona – Madrid

1ª edición: septiembre 2023

© 2023 Jorge Melero Camarero

© 2023 Libros de Cabecera S.L.
Rambla de Catalunya, 53, 7º G
08007 Barcelona (España)
www.librosdecabecera.com

Jorge Melero Camarero ISNI: 0000 0005 1143 7184

Editora: Virtuts Angulo
Diseño interior de la colección: Nèlia Creixell
Diseño de la cubierta: Nèlia Creixell
Maquetación: Nèlia Creixell

ISBN: 978-84-126783-0-7
eISBN: 978-84-126783-1-4

THEMA: KJMD
Depósito Legal: B 13961-2023

Impreso por DC PLUS, Serveis editorials, scp
Impreso en España – *Printed in Spain*

Este libro ha sido impreso en papel Torraspapel Coral Book natural de noventa gramos, procedente de bosques y plantaciones correctamente gestionados, certificado por FSC.

Índice

Introducción

El mundo está cambiando a un ritmo vertiginoso. Mucho se habla de cómo construir empresas más adaptables y dinámicas, capaces de prosperar en este entorno. Para algunos, la clave está en la tecnología. La transformación digital es un concepto que está en boga, y que pretende un uso más eficiente de la tecnología para construir empresas más eficaces. Para otros, lo esencial son las personas. Los algoritmos no pueden, en su opinión, sustituir el discernimiento humano.

Aun dentro de estos dos grandes bloques (los que creen en la tecnología, y los que mantienen la fe en las personas) existen numerosas tendencias: los abanderados de la inteligencia artificial, los defensores del *coaching*, los que propugnan la importancia del propósito, los que abogan por la felicidad en los equipos, etc. Ahora bien, si lo que se busca es una manera óptima de gestionar las empresas en un entorno de incertidumbre, hay un aspecto fundamental que, sin embargo, pasa muchas veces desapercibido: hay que optimizar la toma de decisiones.

En relación con la toma de decisiones hay muchos aspectos que, tal vez camuflados por la simplicidad y ubicuidad del sistema jerárquico, apenas merecen reflexión en muchas teorías sobre administración de empresas y gestión del cambio. Sin embargo, es un asunto con un alcance y una relevancia fundamentales.

En este libro voy a tratar de responder a preguntas como las que siguen:

- ¿Quién elige a los tomadores de decisiones?
- ¿En base a qué criterios se eligen los tomadores de decisiones?
- ¿Qué se requiere para tomar buenas decisiones?
- ¿Cómo se distribuyen las responsabilidades?
- ¿Qué métodos se aplican en la toma de decisiones?

- ¿Cómo se evalúa la calidad de las decisiones?
- ¿Cómo se asegura una toma de decisiones ágil?

Lo cierto es que la facultad de tomar decisiones acaba ejerciéndose en muchas empresas de una manera bastante casual. El sistema de gestión tradicional, con sus niveles jerárquicos y sus divisiones departamentales, aporta una sensación de orden y control, pero las cosas no son tan fáciles como los organigramas sugieren.

A veces se piensa que las empresas funcionan tal y como las han imaginado sus directivos, pero mi experiencia es que estos muchas veces acaban tan sorprendidos e impotentes por las dinámicas de toma de decisiones que se producen en sus propias empresas como las personas que están en niveles jerárquicos inferiores.

En definitiva, en muchas empresas las decisiones se van a tomando de manera inadvertida, a veces por inercia, a través de una mezcla de tradición, normas, creencias más o menos fundadas, liderazgos formales e informales, luchas de poder, y egos...

En este libro argumento cómo establecer un sistema de toma de decisiones en toda la empresa que sea el óptimo, teniendo en cuenta la complejidad del entorno empresarial actual y sus retos, pero también lo que las investigaciones más recientes nos han enseñado sobre el comportamiento organizacional y sobre cómo construir equipos colaborativos y comprometidos; lo que tradicionalmente se ha venido llamando *equipos de alto rendimiento*.

Por tanto, aunque el asunto de la toma de decisiones pueda parecer específico, es importante no perder de vista que tiene implicaciones fundamentales para el funcionamiento global de las empresas y organizaciones.

Las empresas son sistemas complejos de personas y relaciones, información y recursos (financieros, de consumibles, materias primas, desechos...). Tradicionalmente, las organizaciones se han esmerado en integrar todos estos factores de la manera más conveniente para obtener los resultados óptimos. El objetivo primordial no era, por tanto, la adaptabilidad y la innovación, sino la optimización de los recursos.

En el pasado, en entornos predecibles, las empresas podían permitirse el lujo de sacrificar agilidad en su toma de decisiones, en aras de una mayor precisión. El objetivo primordial era minimizar los errores en la toma de decisiones, aunque se alcanzasen a costa de una mayor inercia operativa. No creo que el sistema fuera óptimo ni siquiera para conseguir ese objetivo, pero, como argumentaré, lo es mucho menos en un entorno como el actual, que nada tiene de predecible.

El sistema de gestión empresarial debe ser capaz de reaccionar con una velocidad al menos equivalente a la del entorno en el que se desenvuelve. No se trata ya de adaptarse al cambio, sino de bailar con el cambio. Es necesario idear sistemas de gestión capaces de captar más eficientemente la información del entorno y reaccionar con rapidez ante los cambios de este.

Describiré en este libro a qué se parece esa nueva manera de operar y cuáles son los primeros pasos, y los más fundamentales, para construir esa nueva empresa. Lo haré partiendo de esta pregunta fundamental: **cómo podemos maximizar el número y la calidad de las decisiones empresariales para prosperar en un entorno cambiante.**

Estructura del libro

He estructurado el libro en 3 partes:

1. **En la primera parte, de Fundamentos,** explico a grandes rasgos cómo es el funcionamiento de las empresas tradicionales. Aunque a veces no seamos conscientes de ello, la mayoría de las empresas funcionan bajo un sistema concreto de gestión. Muchas de las cosas que damos por hecho sobre el funcionamiento de las empresas, no son casuales. Funcionan del modo en que las hemos aprendido; pero eso no quiere decir que no haya alternativas. El tipo de organigrama, la estructura divisional, el modo

de administración por objetivos, la manera en que se comparte la información, las políticas de reclutamiento y muchos otros aspectos se basan en una serie de teorías específicamente desarrolladas al principio del siglo XX. En esta primera parte explico brevemente esta concepción de las empresas y sus implicaciones en relación con el tema central de la toma de decisiones.

2. **En la segunda parte** describo y propongo **un sistema alternativo de toma de decisiones**: qué ventajas tiene respecto al tradicional, cuáles son sus implicaciones organizacionales, y por qué es más adecuado, muy particularmente para el entorno actual de los negocios.

3. Por último, **en la tercera parte** abordo los *cómos*. Es decir, **qué pasos fundamentales deberemos dar** necesariamente si de verdad queremos provocar un cambio esencial y tangible en la organización hacia una **organización empoderada.**

Como he argumentado, el tema de la toma de decisiones no es la única clave en un proceso de transformación organizacional, pero sin duda es la más importante. Si acometes con confianza estos cambios fundamentales, tu empresa podrá alcanzar cuotas inimaginables de innovación y adaptación. No estará todo hecho, pero habrás recorrido más de la mitad del camino. No obstante, si la manera en que se toman las decisiones en tu empresa no cambia, cualquier otra iniciativa que emprendas estará condenada al fracaso.

Tengo absoluta seguridad sobre esto, y si me acompañas en las próximas páginas, estoy seguro de que entenderás por qué.

Parte I
Fundamentos

La relevancia
de las decisiones

CAPÍTULO 1
Muchos hablan de que el mundo cambia rápido, ¿y qué?

Parece ser que Dean R. Koontz acertó premonitoriamente al imaginar en 1981 la expansión de un virus originado en Wuhan en su novela *Los ojos de la oscuridad*. También Bill Gates hizo algunas certeras predicciones respecto a las amenazas biológicas a las que estaba expuesta la humanidad con anterioridad a la pandemia del coronavirus que afectó al planeta en 2020.

Salvo ellos, y tal vez algún otro visionario, muy pocos podrían haber imaginado las características y repercusiones de la covid-19.

Yo no estaba más cerca que la mayoría de poder imaginar los efectos de este virus. No tenía ni idea de que la pandemia iba a pasar, pero, como lo veo, esta fue una manifestación física y tangible de un fenómeno más amplio en el que vivimos inmersos desde hace tiempo. De esta manera, aunque no pude prever la pandemia, tampoco me sorprendió con el pie cambiado, porque durante algún tiempo me había estado preparando para lo imprevisible.

Desde hace tiempo se viene manejando el término VUCA para referirse a la Volatilidad, Incertidumbre, Complejidad y Ambigüedad del mundo actual (algunos usan el término VICA, de las siglas en español). Es un término muy manido actualmente y particularmente en el mundo de los negocios, pero lo que no todo el mundo conoce es su génesis y sus implicaciones, y considero que son muy relevantes.

El término VUCA fue acuñado por el ejército de Estados Unidos de América. Tras haberse preparado durante décadas para enfrentarse a un enemigo monolítico como la URSS, el ejército norteamericano acabó envuelto en misiones en entornos completamente distintos. Se desplegó en países diversos como Vietnam, en primer lugar, y luego Afganistán, Irak, Somalia, Siria, Libia, etc. Se encontró en estos países circunstancias radicalmente diferentes a las que había imaginado y para las que se había preparado. Allí no se enfrentaba a un ejército clásico, separado por frentes definidos, como en la Segunda Guerra Mundial, sino que debía luchar contra guerrilleros organizados en células independientes. Ya no se trataba de tener el misil más potente o la tecnología más puntera.

En estos escenarios la realidad es ciertamente ambigua. Es difícil interpretarla en términos absolutos de blanco o negro. Es una escala de grises. En pequeños poblados en el desierto todo es incierto: ¿soldado o civil?, ¿civil o terrorista?, ¿terrorista o soldado?, ¿amigo o enemigo?, ¿pacificación u ocupación?, ¿ocupación o libertad?, ¿ayuda o sometimiento?, o incluso, ¿paz o guerra?. Todo es ambiguo e incierto, y la violencia se puede desatar en cualquier momento.

VUCA es, por tanto, el nombre que dio el ejército de Estados Unidos a estos entornos. Este término se ha popularizado en el mundo de los negocios, que ve un paralelismo entre estas situaciones de combate y el actual entorno empresarial, que es igualmente imprevisible y extremadamente acelerado y cambiante.

¿Es exagerado usar el término VUCA en el mundo de los negocios?

Si imaginamos las características de los escenarios bélicos a los que hacía referencia, tal vez pueda parecer exagerado atribuir al mundo de los negocios el término VUCA, sin embargo, personalmente opino que no lo es.

Existen muchas similitudes entre las experiencias del ejército de Estados Unidos y los retos que afrontan las empresas hoy en día. Si, como decía, el ejército se había estado preparando para batallas cara a cara, contra enemigos grandes, identificables y tangibles (como la URSS y su esfera de influencia), la competencia empresarial se entendía de una manera similar.

Las empresas tendían a identificar a sus *enemigos*, a los que sometía a un estrecho escrutinio. En gran medida, la estrategia empresarial se concebía como el arte de superar a una competencia tangible. Se trataba de un juego de unos pocos actores compitiendo en un mundo que consideraban predecible. Las empresas grandes y consolidadas eran el enemigo a batir: el enemigo temible y poderoso, armado de grandes recursos, al que había que confrontar.

Las empresas pequeñas se escapaban del radar. Como las pequeñas células militares, no es posible controlar la operación de miles de grupúsculos cuyas actividades se desconocen. Sin embargo, muchos de los grandes cambios disruptivos de los últimos años, que han transformado industrias enteras de arriba abajo, se han producido por parte de pymes o *startups* prácticamente desconocidas.

Es por eso por lo que el término VUCA puede aportarnos, a mi entender, pistas muy interesantes sobre las implicaciones para las empresas. El asunto no es baladí. No en vano hoy hay quien dice, usando un símil biológico, que se está produciendo una extinción masiva de empresas.

En efecto, la vida media de las empresas ronda actualmente los diez años, tal vez menos en los países hispanohablantes. Por ejemplo, las empresas mexicanas viven 7,7 años en promedio, según datos del Instituto Nacional de Estadística y Geografía de México. En España, según el economista Oriol Amat, la vida media de las empresas asciende a 10,3 años; esa cifra sube a 12,5 años en Europa. Pero es que en prácticamente todos los países el período de vida media de las empresas se está reduciendo de manera acelerada.

¿Cómo se están preparando las empresas para lidiar con este entorno? ¿Cuáles son las implicaciones para la gestión?

Si, como vengo argumentando, las empresas ya no pueden mirar a su alrededor e identificar claramente las tendencias competitivas, ¿qué pueden hacer para perdurar frente a unas amenazas que son imprevisibles?

Empiezo por constatar que si bien el término VUCA se ha popularizado en el mundo de los negocios, aún no se han entendido bien sus implicaciones. Este término, ¿qué significa en realidad?, ¿qué implica?

Ira Wolfe recopila algunas opiniones impactantes sobre la velocidad del cambio del mundo actual en su libro *Recruiting in the Age of Googlization*. Por ejemplo, la siguiente, atribuida a expertos de McKinsey&Co.: «Comparado con la época de la Revolución Industrial, estimamos que **el cambio está ocurriendo diez veces más rápido y a una escala 300 veces superior, o aproximadamente 3000 veces el impacto**. Aunque todos sabemos que estas disrupciones están pasando, la mayoría de nosotros no somos capaces de comprender la magnitud completa y los resultados de segundo y tercer orden».

En la misma línea, Wolfe recoge la siguiente cita de Ray Kurzweil: «Debido a la potencia explosiva del crecimiento exponencial, **el siglo XXI será equivalente a 20 000 años de evolución** al ritmo actual de progreso; las organizaciones tienen que ser capaces de redefinirse a una velocidad cada vez mayor».

En consecuencia, el ritmo de innovación, la irrupción de las nuevas tecnologías y la competencia global hacen que el entorno sea realmente impredecible. Por lo tanto, en mi opinión, VUCA significa eso: que no sabemos lo que va a pasar; que no tenemos ni idea de lo que va a pasar.

VUCA significa que no tenemos ni idea de lo que va a pasar

En el momento en que asumimos esta conclusión, debemos replantearnos muchas de las cosas que damos por hecho respecto de la manera en que se gestionan las empresas, como iremos viendo a lo largo de este libro.

El ejército de los Estados Unidos no solo acuñó el término VUCA, sino que fue consciente de sus implicaciones. No tardó en concluir que, para adaptarse con éxito a los nuevos campos de batalla, tenía que cambiar su manera de operar. Esta conciencia le llevó a afrontar cambios estructurales para poder funcionar de manera más ágil y dinámica.

Para los militares norteamericanos fue evidente que en ambientes imprevisibles los comandos no podían esperar órdenes de los altos oficiales, sentados en el Pentágono, a miles de kilómetros de distancia, lejos del campo de batalla. En consecuencia, el ejército tuvo que resolver cómo dar más autonomía y capacidad de acción a sus soldados. Esto implicó un cambio, esencialmente de puertas adentro, en las estructuras de la institución. La prioridad estratégica dejó de ser la carrera armamentística con la URSS y pasó a ser la agilidad operativa.

De la misma manera, las empresas que quieran ser operativas en un mundo impredecible deben hacer un proceso de introspección profundo e interrogarse sobre si el sistema que están utilizando es óptimo para enfrentarse a un mundo imprevisible.

Ya no es posible hacer planes estratégicos a varios años vista, ni someter la toma de decisiones a innumerables filtros y demoras. Los equipos, como los comandos de Estados Unidos, deben gozar de mayor autonomía para reaccionar al entorno

---

Claves del capítulo y conclusiones prácticas

- El mundo actual es impredecible y, por lo tanto, las empresas tienen que ser más adaptables.

- Los planes estratégicos unidireccionales e incuestionables a 3, 5 o 10 años, están condenados al fracaso en un mundo que es imprevisible.

- Si no se puede predecir el mundo y tampoco podemos identificar claramente a toda nuestra competencia, las estrategias deben mirar más hacia adentro de la organización que hacia afuera; a su capacidad para reaccionar con dinamismo.

- Los equipos, como los comandos de Estados Unidos, deben gozar de mayor autonomía para reaccionar ante un entorno imprevisible.

CAPÍTULO 2
Las características de la empresa tradicional. Unas pinceladas para entender el problema

Una de mis películas favoritas cuando era niño era *Superdetective en Hollywood* (*Beverly Hills Cop*). En ella, un amigo de Axel Foley (Eddie Murphy) es asesinado tras encontrarse con él en Detroit. La víctima estaba implicada en una trama delictiva con un comerciante de arte de Beverly Hills. Pese a que el superior de Foley le prohíbe expresamente investigar el caso, este decide pedir unos días de vacaciones para averiguar qué le pasó a su amigo y quién es el responsable de su muerte.

Nos encantan los héroes rebeldes. En la película su protagonista desafía una y otra vez a la autoridad, pero lo hace por un sentido del deber y la justicia. Tras desarrollarse la trama nos resulta especialmente gratificante ver cómo los superiores de Foley, hasta el momento malhumorados e inflexibles, reconocen el talento y la motivación de nuestro héroe, lo felicitan, y le demuestran incluso afecto.

También los dos policías de Beverly Hills a los que se asigna la misión de vigilar a Foley (Taggart y Rosewood) acaban implicándose en la causa del protagonista y convirtiéndose en sus aliados y amigos.

La película nos hace sentir empatía por los personajes, y nos reconforta. Se trata de un conjunto de esencialmente buenas personas que aprenden a colaborar, pese a sus diferencias iniciales, por un objetivo que lo merece. Esta historia invita a desafiar las convenciones sin sentido y a mirar por el bien común.

Sirva este ejemplo para empezar a reflexionar sobre el papel de la autoridad y cómo debe ejercerse en las organizaciones. Si Foley hubiera obedecido a sus superiores, no hubiera habido película. Una lástima para los productores y una pérdida para mi infancia.

Creo que a la historia también le hubieran faltado varios ingredientes si los superiores se hubieran mostrado comprensivos y colaboradores, y hubieran apoyado al protagonista en todas sus acciones. La historia nos resulta atractiva por su carácter heroico y desenfadado, pero, si bien estos elementos resultan positivos para la trama, ¿por qué todo parecía oponerse a la voluntad del protagonista de hacer lo que era en realidad correcto? ¿Por qué nos resulta tan fácil entender la reticencia y oposición de las jerarquías?

Se trata de una película y, por lo tanto, de ficción, y la mayoría de las personas que lean este libro asumo que no trabajarán en la policía; pero, en realidad, las actitudes de los superiores de Foley no les resultan extrañas a nadie que haya trabajado en el mundo de la empresa.

Los superiores dictan instrucciones que deben ser obedecidas y, para hacer lo que consideran correcto, los subordinados muchas veces tienen que exponerse heroicamente. Lo que es divertido en la ficción, muchas veces no lo es tanto en la vida real.

Efectivamente, en las empresas, como en los departamentos de policía de los años 80, los líderes ubicados en la parte superior de la jerarquía toman la mayor parte de las decisiones. Ellos deciden lo que está bien y mal, y el camino a seguir.

No obstante, estamos en un entorno VUCA y, como ya hemos visto, muchos directivos se han dado cuenta de que para lidiar con este entorno es necesario construir empresas más adaptables, capaces de reaccionar ante retos cada vez más exigentes. Para ello se requieren equipos y colaboradores más creativos e implicados, capaces no solo de adaptarse al cambio, sino de provocar los cambios: se necesitan **equipos proactivos**.

Consciente de esto, los directivos reclaman estas actitudes a sus equipos. Se frustran por su falta de iniciativa y les piden valentía y audacia; sin embargo, lo hacen a la manera de los superiores de

Foley. Valoran el inconformismo y la audacia, pero solo si, cuando llega el desenlace, como en el caso de la película, los daños colaterales son mínimos y los malos acaban en la cárcel. Dicho de otra manera, algunos responsables de equipo piden iniciativa, pero se reservan el derecho a culpar a los demás de cualquier resultado indeseado.

¿Por qué funcionan las organizaciones de esta manera? ¿Es esa forma de gestionar las organizaciones la única posible? ¿Por qué nos resulta tan natural la estructura de mando y asumir estas conductas que a veces son incoherentes? ¿Es esta la manera óptima? ¿Cuáles son las alternativas?

Ya comenté en la introducción cómo, en mi opinión, muchas de las conductas en las organizaciones se deben precisamente al sistema con el que se gestionan. Tratemos de entender un poco mejor en qué consiste ese sistema.

Yo creo que es porque **la mayoría de las empresas se siguen gestionando, consciente o inconscientemente, bajo principios de finales del siglo XIX e inicios del XX**. De hecho, el sistema de gestión que utilizan tiene un nombre propio: la *gestión científica*, cuyas bases fueron expuestas por Frederick Winslow Taylor en 1911.

Taylor fue fruto de su época. El mundo de principios del siglo XX podía admirarse de los maravillosos progresos de la modernidad. Desde la revolución industrial, la humanidad había multiplicado su capacidad de dominar las fuentes de energía y, a partir de ese momento, era capaz de producir bienes, adaptarse a cualquier entorno, comunicarse y viajar, de maneras que hubieran sido inimaginables poco tiempo antes.

Es posible imaginar el asombro con el que contemplarían los hombres de finales del siglo XIX y principios del XX las maravillas del progreso que surgían a su alrededor. Y, sin embargo, en un mundo en el que abundaban nuevas y sorprendentes maravillas, iluminado por una ciencia que se mostraba orgullosa y triunfante, las fábricas y los sistemas de producción se desarrollaban bajo sistemas bastante tradicionales, como una evolución de los talleres artesanales.

Taylor imaginó un sistema distinto. Si la ciencia había demostrado su poder transformador, debería ser posible establecer un sistema que, con precisión, permitiera optimizar los sistemas de producción en las fábricas. Pensó, por tanto, que, en un mundo predecible y maleable, que había sido completamente domesticado a nuestra entera voluntad gracias al poder que nos había conferido la ciencia, debía haber un sistema de gestión que fuera el óptimo: que se ajustara como un mecanismo para ser el más eficaz posible. Se introdujo, de esta manera, el reloj en las fábricas. Se sustituyeron los modos artesanales por otros más sistematizados.

El propio Taylor resumió de la siguiente manera en qué consistía su sistema: «en el pasado el hombre fue primero; en el futuro el sistema debe ser primero». En resumen, la gestión científica considera que es la administración de las empresas —la alta dirección— la que debe diseñar el sistema óptimo para su operación, y las personas deben adaptarse eficazmente a dicho sistema.

Taylor era ingeniero, y no es de extrañar, por tanto, que llegara a estas conclusiones, que implican una visión ingenieril de la gestión de las empresas: gestionar empresas de la manera óptima significaba, para él, diseñar con precisión cada paso en el funcionamiento de estas.

Bajo los principios del *taylorismo* se debe definir un ámbito acotado para cada trabajador. Las personas necesitan el acceso a una información concreta, y deben tener unas funciones específicas, pero se les deja un espacio muy limitado, o prácticamente nulo, para la toma de decisiones, de manera que solo la dirección toma decisiones, solo la dirección decide cómo se debe funcionar.

Dicho de otra manera, se concibe a las empresas como mecanismos. El sistema se idea y diseña desde la administración para que funcione de manera óptima. El resto de los trabajadores son, entonces, las piezas del mecanismo, y, por tanto, se considera que deben hacer su trabajo obedientemente, sin rechistar ni salirse de su lugar dentro de la organización.

Si las personas se conciben dentro de la organización como piezas de un mecanismo, no es raro que desarrollen una visión egocéntrica de la organización, es decir: las personas entienden la organización solo desde su posición concreta dentro de la misma. De esta manera, los limitados esfuerzos por transmitir una visión de conjunto son ineficaces y poco creíbles frente a la realidad impuesta por el día a día.

Esta concepción tradicional induce comportamientos egoístas en todos los niveles. Esto es consecuencia de la compartimentación de funciones, la generación de silos, y el fomento intencionado de los intereses particulares de cada individuo ligado al establecimiento de objetivos individualizados.

De esta manera, no nos debería sorprender, por ejemplo, que un responsable de ventas solo se preocupe de vender, y obvie las repercusiones que puedan tener posteriormente las reducciones temerarias de precios, las especificaciones imposibles o las expectativas incumplidas de los clientes. Estos son temas que tal vez afecten al departamento financiero, al de ingeniería o al servicio posventa, pero a los vendedores no se les juzga por ello, sino por sus ventas.

Quiero aclarar que no pretendo demonizar a los vendedores. Este tipo de actitudes se reproduce en prácticamente todas las áreas de la empresa, por las razones que vengo exponiendo. Desde otra perspectiva, tal vez sean los ingenieros los que no atienden a los requerimientos comerciales, que son los que necesitan los vendedores para vender; o puede que sean los departamentos de calidad o servicio posventa los que no estén transmitiendo al resto de la organización las fallas o áreas de mejoras del producto o servicio.

Cada persona se preocupa de lo suyo con una visión parcial y egocéntrica. Estas visiones son el fruto del triunfo de la gestión científica. El sistema está siendo exitoso en su pretensión de que cada uno se preocupe de lo suyo, como las piezas de un mecanismo. No se puede, por lo tanto, culpar a unos u otros. No es culpa de nadie en concreto. La mayoría son sinceros cuando afirman que tratan de hacer su trabajo lo mejor que saben. Su miopía no es intrínseca, sino impuesta. Todo esto es el resultado, como vengo argumentando, del sistema, y ahora ya le hemos puesto nombre a este sistema: la gestión científica.

Bajo los principios de la gestión científica se induce una visión egocéntrica de la empresa en los trabajadores

---

Frente a esto, a partir de la segunda mitad del siglo pasado, muchos autores y líderes de empresa fueron dándose cuenta de la importancia de combatir los silos y alinear esfuerzos en todos los niveles de la organización. Sin embargo, estos esfuerzos, como las actualizaciones de un *software* anticuado, no alcanzan los objetivos esperados.

Por esta razón, el simple hecho de definir una misión, una visión y unos valores, no va a cambiar de manera esencial la visión egocéntrica. No basta con transmitir ideas grandilocuentes desde la dirección. Con estas declaraciones se trata de generar compromiso y visión de conjunto, pero en la mayoría de los casos fracasan en ese intento. El motivo es estructural. No puedes pedirle a alguien que suba una montaña y premiarle por nadar en la piscina. Es decir, en muchas empresas se esperan ciertos comportamientos, pero los incentivos conducen a comportarse de distinta manera.

Todas estas paradojas son la razón fundamental del efervescente bullicio de las empresas y sus dificultades para operar coordinadas. El taylorismo no da más de sí. No basta con poner nuevos parches. El problema es sistémico, por lo que es necesario repensar la gestión desde sus bases y, precisamente, la esencia del cambio de modelo tiene que ver con la manera en que se toman decisiones. Hay que devolver a las personas el protagonismo que Taylor les arrebató.

Claves del capítulo y conclusiones prácticas

- Aunque no seamos plenamente conscientes de ello, las empresas funcionan bajo un sistema de gestión que la mayoría hemos aprendido y asumido: la gestión científica, ideada por Frederick Winslow Taylor hace más de un siglo, a principios del siglo XX.

- Bajo este sistema, las empresas se conciben como mecanismos y cada colaborador es una pieza dentro de los mismos. Como piezas, los colaboradores deben hacer su función eficazmente, sin rechistar ni hacer ruido, sin salirse de su lugar.

- La gestión científica induce una visión egocéntrica de la empresa y sus objetivos en cada uno de los colaboradores, lo que dificulta la comunicación y la visión de conjunto.

CAPÍTULO 3

La toma de decisiones en un mundo acelerado. ¿Tu empresa evoluciona lo bastante rápido?

En el anterior capítulo reflexioné sobre las características esenciales de la gestión científica, bajo la que operan la mayoría de las empresas. Vimos cómo las personas son colocadas en una posición, que es la considerada óptima por parte de la dirección, para que cumplan sus tareas de la manera más eficaz. En un mundo predecible —y si las personas fueran robots— esto parece una buena idea.

El problema es que el mundo cambia, los requerimientos de los clientes se modifican, los equipos evolucionan —algunas personas renuncian y otras se incorporan—, y la tecnología mejora; y entonces las personas se ven obligadas a afrontar situaciones inesperadas, y eso implica tomar decisiones.

Las piezas del mecanismo se desajustan de manera constante, y no hay bastantes manos para reajustarlas. Hay varios aspectos que hacen que la gestión científica no sea el ideal como método operativo, especialmente en entornos cambiantes:

- La indefinición de la autoridad (el problema del mando intermedio)
- Las demoras en el proceso de toma de decisiones
- Los problemas a la hora de ponderar las prioridades
- La asimetría en la información
- La falta de visión de conjunto

A continuación, veamos en detalle algunas de estas dificultades para comprender las ineficiencias del sistema.

La indefinición de la autoridad y el problema del mando intermedio

Como comenté anteriormente, pese a su concepción estructurada, no siempre está clara la distribución de la autoridad en las empresas. Si bien los organigramas aportan una sensación de orden, la autoridad no queda realmente determinada por estos. Los organigramas no fijan incondicionalmente los alcances y el rango de decisiones asumibles por cada nivel de la organización.

El proceso de delegación de la autoridad, en cambio, es un proceso a veces ambiguo y cambiante. Si la autoridad solamente se traslada (se delega) de arriba hacia abajo, las decisiones pueden ser en todo momento supervisadas.

Como me gusta argumentar, la supervisión es un concepto antagónico al de la delegación de autoridad. Cuando una responsable supervisa algo, en general, lo que hace es ejercer la autoridad. Se reserva, dicho de otra forma, la potestad de modificar las decisiones tomadas más abajo.

No entraré aquí a analizar si la supervisión es necesaria, si hay alternativas, o hasta qué punto se debe ejercer. Eso ya lo iremos viendo. Lo que quiero señalar en este punto es simplemente que, si queremos analizar la verdadera distribución de la autoridad en la empresa, hay que tener en cuenta el rol ejercido por cada persona en cada nivel jerárquico y hasta qué punto la autoridad ejercida por cada persona es real, o solo prestada y condicionada.

Es interesante entender, en todo caso, que el grado de supervisión que cada mánager ejerce depende en general de su propio criterio, y de su entendimiento del liderazgo. Los mandos intermedios, probablemente las posiciones más difíciles e incómodas en muchas empresas, se encuentran a menudo asfixiados entre los superiores que exigen resultados y ejercen una autoridad férrea, y los equipos operativos, que acaban desmotivados y apáticos, reducidos a la irrelevancia.

En conclusión, la distribución de autoridad no es tan clara en las empresas como pueda parecer *a priori*. Lo he podido comprobar de primera mano en distintos tipos de empresas y en distintas posiciones jerárquicas. Por ejemplo, hace unos años trabajé como responsable del área de renovables en México para una multinacional de servicios con más de 11 000 empleados en el mundo. Como encargado del desarrollo de negocio, quise incorporar algunas actividades, que en aquel momento todavía no realizábamos, a nuestro porfolio de servicios en el país. En consecuencia, tenía que elaborar nuevos modelos de ofertas y asegurarme de disponer de los recursos para la entrega de los servicios. El proceso me llevó meses, en los que tuve que contactar con personas en otros continentes, o que estaban varios niveles jerárquicos por encima de mí. Nada de ello estaba establecido en ningún manual. Mover las cosas obliga a ir explorando sobre la marcha, y muchas veces a ejercer un heroico protagonismo y vencer fuertes inercias internas, como en el caso de Axel Foley.

Las cosas no son más fáciles en las pymes, ni tampoco los retos son menores a medida que se sube en el escalafón. Cuando trabajé como director general en una pyme de algo más de 100 empleados, en más de una ocasión vinieron los equipos a quejarse de alguna decisión. Se trataba, en ocasiones, de decisiones que yo no había tomado. Con frecuencia eran temas sobre los cuáles estaba completamente de acuerdo con los reclamantes. Incluso a veces yo había dado instrucciones en un sentido, pero simplemente se habían acabado ejecutando de otra manera. Cuando preguntaba quién había tomado la decisión que se me achacaba, las respuestas eran confusas. En último término, alguien en algún punto del proceso había tomado decisiones, y todos daban por hecho que lo hacía en nombre de la dirección. Lo interesante, aunque parezca extraño, es que nadie sabía a ciencia cierta quién era el verdadero inductor de las decisiones.

Estos problemas difícilmente afloran en estructuras muy jerárquicas, en las que se acostumbra a las personas a no cuestionar el liderazgo. En esto acaban interviniendo una serie de malentendidos, politiqueos, ideas preconcebidas, miedos y egos. El elemento humano prevalece, en consecuencia, frente a un sistema que se pretende lógico y estructurado.

La demora en el proceso de decisión

Teniendo en cuenta lo anterior, no es de extrañar que los procesos de decisión se demoren de manera extraordinaria en las empresas. Las autorizaciones no solo tienen que atravesar un complejo entramado de jerarquías y funciones, sino que a veces se pierden en el proceso. Muchas decisiones, tal vez importantes, acaban olvidadas en el limbo organizacional y abandonadas, lo que acaba siendo asumido con resignación por quienes normalmente las necesitan: los equipos operativos que están cara a cara con el cliente.

Es evidente que cuantos menos niveles o departamentos tenga que atravesar una decisión, más ágil va a ser. Esto es importante a la hora de plantear el diseño organizacional, como veremos.

La relatividad jerárquica

El hecho de que las decisiones se tomen desde lo alto de la organización implica a su vez un riesgo de relativización de los problemas.

Una vez, en la misma empresa a la que me referí anteriormente, estando al frente del desarrollo de negocio en México, me vi en la necesidad de realizar una serie de visitas a El Salvador. Se trataba de unos proyectos que el cliente ya nos había contratado. Para cualquiera en mi situación hubiera sido evidente que era necesario cumplir con los alcances ofertados y aceptados por el cliente, pero el sentimiento de obligación tiende a mitigarse a medida que el tomador de las decisiones se aleja del cliente.

Como consecuencia de las políticas de restricción de viajes de mi empresa, tuve que solicitar permiso a un director que formalmente lideraba una unidad de negocio de miles de personas. Mi urgencia por tratar de otorgar el mejor servicio al cliente lógicamente no era percibida de la misma manera por alguien para quien esa decisión era prácticamente insignificante.

Finalmente pude realizar las visitas que necesitaba, pero tardé un par de semanas en conseguir las autorizaciones, durante las cuáles tuve que invertir bastante tiempo en aportar justificaciones internas y, sobre todo, tuve que dar muchas explicaciones al cliente.

En esto hay mucho de problema autogenerado. La prioridad suele estar clara para quien está dando la cara frente al cliente, y es a medida que el tomador de la decisión se aleja del cliente cuando las prioridades pueden difuminarse.

El tomador de la decisión desde lo alto buscará la manera de priorizar ante un número de decisiones que tal vez le desborde, y no está claro que a su nivel disponga de los elementos de juicio adecuados para poder acertar en ese ejercicio.

No es que la altura jerárquica dé perspectiva, como a veces se trata de justificar, sino que, desde lo alto, los elefantes pueden confundirse con hormigas

---

La asimetría de la información

Muy relacionado con lo anterior, existe otro problema esencial de la toma jerárquica de decisiones: la asimetría en la información.

Es bien conocida la teoría del *Iceberg de la Ignorancia*, formulada por Sydney Yoshida en 1989. Tras realizar un estudio en organizaciones de tamaño medio, formuló la siguiente conclusión:

- Solo el 4% de los problemas en las organizaciones son conocidos por la alta dirección
- Solo el 9% de los problemas son conocidos por los mandos intermedios
- Solo el 74% de los problemas son conocidos por los líderes de equipo
- El 100% de los problemas son conocidos por los equipos operativos y operarios de línea

Esta asimetría es crítica. La empresa tradicional evoluciona bajo una inercia perversa que deja la toma de decisiones en una minoría que no dispone de suficiente información.

Más adelante desarrollaré un poco más esta idea y sus implicaciones.

La visión de conjunto

Hace ya bastantes años, comiendo con un amigo que es dueño de una empresa del sector de las artes gráficas, me dijo algo que no llegué a entender completamente en aquel momento. Había estado reunido hacía poco con un directivo de un importante periódico nacional, y entonces me preguntó:

—¿A que no sabes cuál es el negocio de la prensa escrita?

—¿Vender noticias? —le respondí sin mucha convicción.

—No, vender papel...

Me observó divertido, mientras yo intentaba entender la importancia de la revelación con dubitativo escepticismo. Por supuesto, aparte de la venta de periódicos, la prensa tenía otras fuentes de ingresos, que podían ser más o menos relevantes dependiendo del medio del que se tratase, como, por ejemplo, la venta de publicidad. En cualquier caso, los ingresos principales se obtenían por la venta de periódicos, y eso implicaba esencialmente comprar papel barato y venderlo caro.

Lo cierto, en cualquier caso, es que esta anécdota ha ido tomando más y más sentido para mí con el tiempo. El hecho de que el negocio de la prensa consistiera principalmente en la venta de toneladas de papel tal vez dificultó la lenta y a veces traumática transición que muchos de estos medios han tenido que realizar hacia la digitalización. Si su negocio lo hubieran concebido como de venta de información, como yo me aventuré a sugerir, tal vez la transición a los nuevos formatos electrónicos hubiera sido más sencilla. La tecnología les obligó a dar un salto a un modelo de negocio sencillamente distinto del que conocían. En este sentido, es importante saber cuál es el negocio último de tu empresa o negocio.

Yo he trabajado bastantes años en consultoría y en empresas de servicios. Aquí también es importante ser consciente de cuál es la entrega última de valor. En principio lo que se vende es la dedicación de los consultores (horas de consultor). Toda la estructura empresarial debe mantenerse gracias al tiempo facturado de los consultores. El tiempo de los consultores es el producto monetizable de una consultoría, como el papel lo era para la prensa. Pero, de igual manera, tampoco debe perderse de vista la necesidad de otorgar un verdadero valor a los clientes.

Muchas consultoras contratan a profesionales sin la suficiente experiencia o especialización, ya sea por la dificultad de encontrar perfiles especializados o por una estrategia intencionada de minimización de costes. Aunque una consultora puede vivir muchos años de vender tiempo de profesionales no tan experimentados, como los periódicos de vender papel, en último término, el conocimiento de los consultores, así como la calidad del contenido impreso en el papel, es lo que garantizará la perdurabilidad.

Entender la relevancia del conocimiento obliga no solo a auspiciar una cultura de desarrollo y aprendizaje continuo, sino a poner las condiciones para la atracción y retención del talento. Esta es la vía por la que las consultoras pueden afrontar de una mejor manera las amenazas de un entorno VUCA, y ser capaces de mantenerse en la vanguardia cuando todo cambia. Ser consciente de esto es importante a la hora de tomar decisiones. Más adelante argumentaré la importancia también del propósito. Los decisores deben tener un entendimiento fundamental de sus negocios, más allá de la maximización de los beneficios.

Sin embargo, como expuse en el capítulo anterior, los principios de la gestión científica inducen una visión egocéntrica en los colaboradores, lo que provoca conflictos interdepartamentales entre, por ejemplo, ventas, ingeniería, I+D, servicio posventa, marketing, etc. Cada uno tiene sus propios objetivos y falta una visión de conjunto que esté centrada en aquello que aporta valor a los clientes, y que es, a su vez, facturable.

La responsabilidad de los equipos

Otro de los grandes problemas de la toma jerárquica de decisiones es la responsabilidad. Esto lo trataré en mucha mayor profundidad más adelante, pero baste adelantar un sencillo pero importantísimo concepto: **quien decide sobre algo es responsable sobre ello.**

Esto no es una idea marciana. En cualquier aspecto de la vida, ¿podemos hacer responsable a alguien sobre algo sobre lo que no ha tenido capacidad de decisión?

Si un gigante de dos metros y con bíceps como muslos me hace la zancadilla mientras paseo por la calle, ¿puedo enfadarme con un señor bajito que pasaba por allí? Probablemente no. La culpa es de quien me ha hecho la zancadilla. Sin embargo, en las empresas se da muchas veces este tipo de comportamiento esquizofrénico. Las empresas están llenas de señores —y señoras— bajitos con cara de asombro... y también de abusones que avasallan sin pedir perdón.

Una de las quejas que más frecuentemente escucho cuando hablo con líderes de equipo es que sus equipos no son responsables. La pregunta que les hago en estos casos ya la podrás imaginar: ¿quién toma las decisiones en el equipo?

Si las personas que toman decisiones son las responsables, ¿se puede exigir también responsabilidad a los equipos que no las toman? ¿Qué es lo que se quiere decir cuando se afirma que los equipos no son responsables? La realidad que he podido observar una y mil veces en las empresas es que cuanto más autoritaria es la cultura de una empresa o de un responsable de equipo, menos responsables parecen los equipos. Lógico, ¿no?

Conclusión

Son múltiples los aspectos que condicionan la toma de decisiones en las empresas.

El sistema tradicional de gestión de las empresas conduce a decisiones considerablemente más lentas de lo que sería posible, pero además, menos informadas y con visiones parciales de los objetivos.

Es difícil aceptar esta conclusión, porque a veces nos faltan elementos de comparación. Pocos hemos podido presenciar modos alternativos. ¿Existe un sistema mejor que elimine o mitigue estos defectos? ¿A qué se parecería? En breve trataremos este tema, pero antes presentaré un pequeño ejercicio gráfico que ilustra mejor, pienso, el problema organizativo de los sistemas tradicionales de gestión, y que te ayudará a tener una mejor comprensión de hacia dónde dirigir las soluciones.

Claves del capítulo y conclusiones prácticas

El sistema jerárquico de toma de decisiones acumula varios problemas que lo hacen lento y poco preciso:

- Decisiones lentas
- Indefinición de la autoridad
- Falta de información en los tomadores de decisiones
- Dificultad para priorizar los asuntos
- Falta de visión de conjunto

CAPÍTULO 4

Una radiografía de la decisión jerárquica

Así como los médicos tienen aparatos para ver lo que pasa dentro de nuestro organismo, te propongo realizar una primera radiografía de cómo funciona tu empresa. Lo que frena a las empresas es su incapacidad para gestionar todas las decisiones a las que se tienen que enfrentar cada día. Lo que ahora vamos a hacer es tratar de observar el proceso de toma de decisiones. Esto nos puede servir para hacer un primer diagnóstico de su funcionamiento.

Uno de los primeros ejercicios que recomiendo realizar a los líderes para mejorar el desempeño de sus equipos es que analicen quién toma las decisiones que les afectan. Propongo que cumplimentes para ello la tabla 1. Las columnas reflejan los distintos niveles jerárquicos. Hay también una columna de *staff* y estructura organizacional, en la que puedes identificar la autoridad ejercida por otras áreas, aunque en teoría no tengan una jerarquía superior sobre el equipo de referencia, como, por ejemplo, las áreas de Recursos humanos, Administración, Contabilidad, etc. En la primera columna he incluido algunas funciones generales relacionadas con la actividad de muchos equipos operativos; no obstante, añade más funciones, según las características de tu empresa y de tu equipo si eso ayuda a plasmar más fidedignamente la distribución de autoridad. En general, incluye tantas columnas o filas como consideres oportuno para tener una visión tan completa como sea posible de la operación en tu equipo.

FUNCIONES	*STAFF* Y ESTRUCTURA	DIRECTOR 2	DIRECTOR 1	LÍDER DE EQUIPO	EQUIPO
Estrategia y operaciones					
Organización del trabajo					
Definición de estrategias y objetivos del equipo					
Implementación de mejora de procesos e innovación					
Aprobación de viajes y gastos					
Decisión sobre inversiones, equipos y materiales					
Comercial y ventas					
Autorización de ofertas y presupuestos					
Gestión de clientes					
Actividades comerciales y de desarrollo de negocio					
Especificaciones y negociaciones de venta					
Recursos humanos					
Atracción, evaluación y contratación de talento					
Resolución de conflictos internos					
Despido y sustitución de miembros del equipo					
Evaluación del desempeño de los miembros					
Políticas y asignaciones de bonos y revisiones salariales					
Decisiones sobre vacaciones, horarios, descansos					
Capacitación de los miembros del equipo					
Otros					
Actividades de marketing					
Administración general de gastos					
Organización de viajes y reservas					

Tabla 1. Identifica a los tomadores de decisiones

He sugerido este ejercicio a gran cantidad de directivos y líderes de equipo. Los resultados por supuesto varían, pero se parecen muchas veces a los que muestro a continuación:

FUNCIONES	*STAFF* Y ESTRUCTURA	DIRECTOR 2	DIRECTOR 1	LÍDER DE EQUIPO	EQUIPO
Estrategia y operaciones					
Organización del trabajo			Interviene	X	
Definición de estrategias y objetivos del equipo		X			
Implementación de mejora de procesos e innovación			X		
Aprobación de viajes y gastos			X		
Decisión sobre inversiones, equipos y materiales	Dirección superior	X			
Comercial y ventas					
Autorización de ofertas y presupuestos			X	Participa	
Gestión de clientes		X			
Actividades comerciales y de desarrollo de negocio	Ventas	X			
Especificaciones y negociaciones de venta	Ventas	X			
Recursos humanos					
Atracción, evaluación y contratación de talento	RRHH				
Resolución de conflictos internos			Casos graves	Primera-mente	
Despido y sustitución de miembros del equipo	RRHH	X	Sugiere		
Evaluación del desempeño de los miembros			X		
Políticas y asignaciones de bonos y revisiones salariales	Políticas de RRHH	Asigna-ciones			
Decisiones sobre vacaciones, horarios, descansos			X		
Capacitación de los miembros del equipo	RRHH		Sugiere		
Otros					
Actividades de marketing	Marketing				
Administración general de gastos	Adminis-tración				
Organización de viajes y reservas	Adminis-tración			Participa	

Tabla 2. Los tomadores de decisiones de un equipo de trabajo

No importa cómo cumplimentes la tabla. Lo importante es reflejar quiénes son los actores principales en los procesos de toma de decisiones de tu empresa.

Utilicemos este primer análisis para construir la radiografía a la que he hecho referencia anteriormente. He dibujado a continuación un organigrama tipo de la empresa imaginaria que estamos analizando, basado en el ejemplo de la tabla 2.

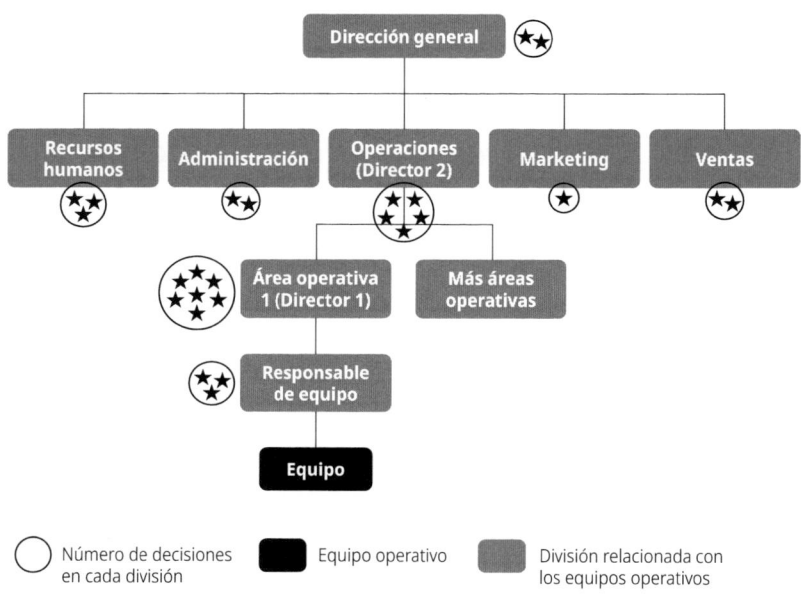

Ilustración 1. Radiografía de la toma de decisiones de un equipo operativo

Las estrellas de la ilustración 1 muestran a los responsables de las decisiones que afectan al equipo, según lo determinado en la tabla 2.

De esta manera, los **responsables de equipo** toman 2 o 3 decisiones relevantes. El **primer director** es responsable o participa directamente de entre 6 y 8 decisiones importantes para la operativa del equipo. El **segundo director** interviene en entre 4 y 6 decisiones. Otros departamentos como Recursos humanos, Administración, Marketing o Ventas, también participan de la toma de decisiones.

Lo primero que me gusta hacer notar con este ejercicio es el grado de relevancia o irrelevancia de los equipos. Este ejercicio muestra visualmente algunas de las problemáticas que comenté en el capítulo anterior, como la asimetría de la información o la relatividad jerárquica. Si los equipos operativos son la primera línea en la entrega de valor de la empresa, llama la atención su escasa —o prácticamente nula— participación en la toma de decisiones que les afectan directamente.

Se pone así de manifiesto la inversión en la autoridad. El hecho de que se realice todo un constructo de jerarquías y áreas divisionales en torno a las operaciones podría tener sentido, pero, en el proceso, los equipos van de hecho hundiéndose en la organización —no en vano, suelen representarse en la parte más baja— a medida que los departamentos y las actividades de *staff* ganan peso. Dicho de otra manera, en la construcción de la empresa tradicional se produce una inversión en la distribución de la autoridad. Se otorga más autoridad a los ámbitos más periféricos, a costa de las actividades centrales.

Esto ya se podía apreciar en la ilustración 1, y, sin embargo, esta solo muestra las decisiones en el caso de haber un único equipo operativo. La realidad es que las empresas suelen tener más de uno. Si en lugar de un equipo hacemos el mismo ejercicio para dos equipos, la cantidad de decisiones que asumirán las jerarquías superiores y las áreas de *staff* se duplicarán. Si hay cuatro equipos, se multiplicarán por cuatro, y así sucesivamente.

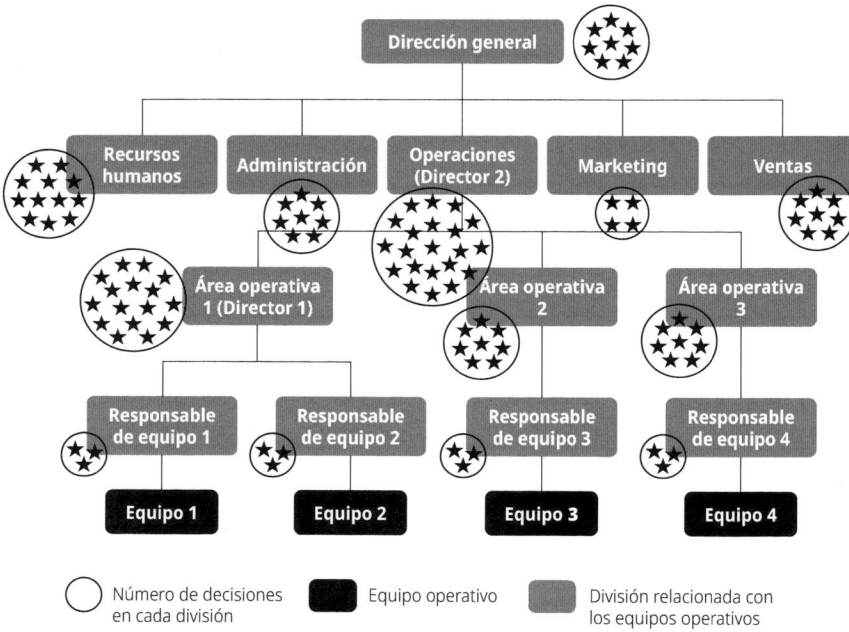

Ilustración 2. Radiografía de la toma de decisión de cuatro equipos operativos

La ilustración 2 muestra cómo las decisiones se acumulan en determinadas posiciones a medida que la empresa crece y se diversifica. En este ejemplo, el director de operaciones estaría lidiando con unos 20 tipos de decisiones, y el equipo de Recursos humanos con 12, y esto en el caso de una empresa todavía muy sencilla.

Esta dinámica de construcción de las empresas obliga a hacer crecer las áreas directivas y de *staff* frente a las operativas. La organización se engorda, pero en vez de hacerlo con *músculo*, con colaboradores operativos capaces de multiplicar las capacidades globales de la empresa, lo hace con *grasa*, en posiciones directivas no operativas. Esta imagen, por cierto, de la grasa en las organizaciones, es prestada. Justo esta es la idea que inspira el concepto *Lean* de la gestión de procesos; *lean* significa magro, delgado, enjuto. Las metodologías contenidas en la idea de *Lean Startup*, que ha popularizado Eric Ries, comparten esta misma perspectiva y alertan igualmente sobre el desproporcionado tamaño que alcanzan las áreas de apoyo y dirección en las empresas.

En todo caso, este proceso por el que las empresas se ven obligadas a sobrecargar su administración es el resultado lógico e inevitable de la gestión científica de Taylor. Recordemos que esta pretende precisamente que las personas estén supeditadas al sistema («el sistema va primero») y solo la dirección corporativa debe tomar las decisiones, que deben ser seguidas por el resto de la organización.

Es lógico, por tanto, que, bajo esta concepción, la dirección corporativa deba sumar recursos, porque la labor de diseño de una organización compleja es ardua, o, de hecho, inabarcable, como venimos argumentando. Precisamente, por tratarse de una misión imposible, las empresas tradicionales, cuando se encuentran en medio de entornos competitivos, corren un riesgo importante de acabar colapsando.

Cuando las empresas llegan a una situación en la que la alta dirección ya no puede dar más de sí, la única manera de aliviar esta tensión pasa por frenar la operación: las ofertas se demoran, las iniciativas se frenan y el servicio se deteriora. Dicho de otra manera, la organización se blinda automáticamente frente al entorno y el mercado. La empresa pierde así cuota de mercado y la cuenta de resultados se resiente. De ahí a la toma de decisiones drásticas, sólo hay un paso. Al acecho están los temidos monstruos organizacionales: despidos y reestructuración. Solo así la empresa puede volver a un tamaño controlable que los directivos puedan gestionar. No obstante, la solución rara vez es efectiva en el largo plazo y puede tender, por el contrario, a reforzar las tendencias que crearon el problema inicialmente, generando un círculo vicioso que puede ser letal.

Cuando las empresas se acercan a un colapso operativo, se aíslan involuntariamente del mercado

---

Como hemos visto, el problema de fondo tiene mucho que ver con la toma de decisiones y el incremento de las funciones directivas y de *staff*. De esta manera, si se llega a una situación de regulación de empleo, es frecuente que repercuta en mayor medida (en esto las legislaciones laborales también pueden tener parte de culpa) sobre los perfiles más jóvenes que sobre las posiciones sénior especializadas, lo que puede reforzar las mismas dinámicas que generaron el problema. En resumen, lo que hemos visto en este capítulo explica en gran medida las razones por las que las organizaciones, a medida que crecen, se van haciendo cada vez más inoperativas.

Pero hay otra conclusión que quisiera remarcar. Lo que este ejercicio nos sugiere también es que, pese a que los males de las organizaciones se achacan normalmente a causas externas, en realidad, muchas veces son internas. Y no se trata tanto de que en algún momento se tomen algunas malas decisiones estratégicas; se trata de que el sistema organizativo es incapaz de reaccionar ante entornos cada vez más exigentes.

Aprender a organizarse de manera distinta y maximizar el número y calidad de las decisiones ayudará a la empresa a navegar de manera ágil en entornos cambiantes, cuando otras languidecen.

Los males de las organizaciones se deben más a causas internas organizativas que a problemas externos

---

Claves del capítulo y conclusiones prácticas

- El sistema jerárquico de toma de decisiones acumula la toma de decisiones en unas pocas personas. A medida que la organización crece, este sistema se hace más pesado y más lento. De esta manera las organizaciones son menos ágiles e incapaces de reaccionar ante los cambios del entorno.

- Puedes montar un sistema de diagnóstico como el sugerido en la tabla 2, que te permita identificar cómo se distribuye la toma de decisiones en tu empresa. Esta tabla es como el ADN de la empresa. Nos aporta un patrón de cómo puede ser su evolución a lo largo del tiempo y nos ayuda a entender qué decisiones pueden ser críticas.

Parte II
La toma de decisiones ágil

CAPÍTULO 5

Empresas adaptables, capaces de fluir ante el cambio. El mundo cambia rápido, tu empresa también puede hacerlo

He analizado en la primera parte de este libro el sistema de la gestión científica en la operación de las empresas. Los organigramas tradicionales y el proceso de toma de decisiones jerárquico provocan, como he venido argumentando, numerosos inconvenientes.

Las empresas funcionan como máquinas, pero las máquinas son ideales para cumplir funciones específicas. Son mucho menos eficaces cuanto tratamos de sacarlas de las condiciones para las que fueron creadas e intentamos cambiar sus funcionalidades. Por lo tanto, si lo que buscamos es una operación más adaptable de las empresas, la concepción mecanicista no es efectiva, pero ¿qué alternativa hay entonces?

A veces, desde una perspectiva tradicional, se utiliza el símil del cuerpo humano para explicar el funcionamiento de las empresas. En un intento por justificar la eficacia del modelo jerárquico centralizado, se emplea una analogía en la que la alta dirección es el cerebro de la organización y toma las decisiones, y el resto del cuerpo obedece y ejecuta.

En realidad, creo que el símil del cuerpo humano es muy válido, sin embargo, el funcionamiento de nuestro cuerpo es más complejo. No somos una máquina, sino un organismo, y creo que imaginar la empresa como tal, es un modelo mucho más valido de la manera en que debe funcionar una organización. Ahora bien, para entender por qué considero que es un buen símil hay que ir un poco más allá de la idea básica de que el cerebro decide y el cuerpo obedece. De hecho, el cuerpo humano no funciona así. El sistema nervioso de las personas se extiende e interconecta por todo el cuerpo. Gracias a este complejísimo sistema, los humanos contamos con un pensamiento consciente, pero también funcionamos de manera inconsciente.

Me parece más acertada la idea de que la alta dirección de una empresa es como nuestro pensamiento consciente. El pensamiento es una de las grandes maravillas de la naturaleza. Es algo imposible de menospreciar, pero, por otro lado, la mayoría de las decisiones que toma el cuerpo humano son realmente inconscientes —autónomas—, y esta es la clave.

¿Recuerdas cuando aprendiste a conducir? Sacarse el carné de conducir en España es una experiencia estresante hoy en día; para algunos, pavorosa. ¿Recuerdas las primeras veces que te pusiste al volante con el profesor de autoescuela, o, tal vez, con algún sufrido familiar de acompañante? Yo lo recuerdo aún con emoción. Me sentaba en el asiento del conductor y, a partir de ahí, los pasos se confundían. Primero, olvidaba ponerme el cinturón, y cuando era amonestado por ello, me lo colocaba con nerviosismo, temiendo el momento de iniciar la marcha. Ponía después las manos sobre el volante y volvía a reconocer el terreno: volante, cambio de marchas, embrague, acelerador, etc. La información se amontonaba. Tras esforzarme por recordar qué era lo primero que debía hacer, arrancaba, pisaba indeciso el embrague y me obligaba a poner la primera marcha y, entonces, el profesor me amonestaba: ¿has revisado los espejos?

Deshacía entonces lo andado, entre avergonzado y aliviado. Comprobaba, según se me solicitaba, la posición del asiento, los espejos retrovisores y, entonces sí, me disponía a avanzar. Volvía a pisar el embrague, ponía la primera y, de nuevo, una voz me volvía a sacar del proceso: «el freno de mano».

Quitaba el freno de mano y, luego con más decisión, un poco enfadado conmigo mismo, volvía a iniciar el proceso. Metía entonces de nuevo la primera con el embrague a fondo, pisaba con sutileza y respeto el acelerador y empezaba a levantar el embrague, y finalmente salía dando tumbos. A partir de ese momento todo se volvía más rápido y dramático. Seguía pendiente de pedales, marchas, luces y volante, pero las decisiones se multiplicaban; había también que escuchar las indicaciones —y a veces improperios— del profesor, y estar atento a señales, tráfico, semáforos, peatones, etc.

Eran muchísimas decisiones simultáneas, y me sentía torpe, sobrepasado y temeroso. Sin embargo, ahora, me cuesta imaginarme por qué lo percibía como algo tan difícil. Con la práctica, todos acabamos conduciendo con naturalidad, de manera casi automática; nuestra capacidad de reacción se multiplica y nuestro nivel de estrés disminuye. ¿Por qué al principio somos tan torpes y finalmente somos capaces de conducir con seguridad en nosotros mismos y con tranquilidad? Este proceso no implica un mayor conocimiento del coche y de la teoría de conducción, ni mucho menos del código de circulación, que, de hecho, se va olvidando con el tiempo.

Cuando empezamos a conducir tomamos todas las decisiones de manera consciente. Pensamos en todo. Nuestro cerebro consciente es el que se esfuerza por recordar los pasos y guiarnos, una a una, por todas las decisiones que debemos tomar. Sin embargo, con la práctica, la mayoría de las decisiones se automatizan; se hacen inconscientes y se toman de manera autónoma. Dicho de otra manera, el cuerpo humano es tan inteligente que, en cuanto puede, delega. Creo que esta analogía es poderosa y nos dice muchísimo sobre la manera eficiente de funcionar en una organización.

Si, como sugerí al principio, la alta dirección en las empresas se asemeja a nuestro pensamiento consciente; una empresa que reserve la toma de decisiones como un coto exclusivo de la alta dirección, funcionará como una persona que esté aprendiendo a conducir: de manera torpe e ineficiente. Esto ejemplifica también la dificultad de las empresas para aprender, y por qué, como analizamos gráficamente en el capítulo anterior, la alta dirección acaba desbordada, incapaz de afrontar nuevos retos.

Por el contrario, cuando aprendemos a conducir con naturalidad, nuestra consciencia queda libre y podemos destinar tiempo a planificar el fin de semana, a pensar en las vacaciones o a escuchar las noticias mientras llegamos al trabajo. Si el pensamiento consciente es nuestro recurso intelectual más valioso, como lo debe ser la alta dirección de las empresas, es lógico reservar este para las tareas más estratégicas, desligándolo de las más operativas.

En conclusión, el proceso de aprendizaje en las empresas —como en los humanos— pasa por delegar funciones, que puedan ser ejercidas de la manera más eficiente con la mínima intervención posible de la dirección corporativa. Se trata, en consecuencia, de un proceso de descentralización de funciones y decisiones.

Veremos enseguida qué implica este proceso de delegación y cómo ejercerlo, pero antes voy a estirar un poco más esta analogía de la empresa como un organismo vivo, para explicar un concepto que considero importante sobre la manera de dirigir y controlar las empresas.

La ley de la variedad requerida

Como vengo argumentando, una empresa que no sea capaz de tomar decisiones más agiles a niveles operativos, funcionará como un conductor novato, incapaz de reaccionar a un ritmo natural, con movimientos desacompasados e inseguros. Todo ello ocurre porque estas empresas tienen un sistema nervioso ineficiente, incapaz de captar la información relevante del entorno y ponerla en manos de quien mejor puede interpretarla y reaccionar ante ella.

Esta analogía de la empresa como un humano es poderosa y podría extenderse a otro tipo de organismos. El intelecto humano, es decir, nuestro pensamiento consciente, nos ha otorgado una ventaja evidente para colonizar nuestro medio, si bien está por ver si esa ventaja nos permite perdurar, como lo han hecho otros organismos mucho más exitosos desde una perspectiva evolutiva, durante millones de años. Lo que quiero decir es que los organismos —-más o menos inteligentes— hemos evolucionado para prosperar efectivamente en entornos complejos.

Frente a la consideración de las empresas como máquinas, esta nueva visión nos lleva a entender las organizaciones como elementos vivos, capaces de evolucionar. Todo esto puede parecer un poco ambiguo, pero es relevante, ya que lo que estamos buscando es el sistema ideal para prosperar en el entorno complejo actual de los negocios (el entorno VUCA).

El sistema tradicional de gestión de las empresas pretende simplificar su operación. El taylorismo trata de establecer un sistema que funcione de manera casi mecánica, como un automatismo («el sistema va primero»); sus esfuerzos de mejora se centran en simplificar el sistema, de manera que se pueda controlar desde un sencillo cuadro de mandos. La alta dirección pretende ser como el conductor que con un pequeño cuadro de mandos (algunos indicadores KPI, ciertas ratios financieras, alguna gráfica...) y un par de palancas, intenta controlar el rumbo de su vehículo (en este caso la empresa). Pero hay que ser consciente de que pretender utilizar sistemas de control sencillos en entornos complejos es un error.

En esto podemos aprender mucho de la disciplina de la robótica. La robótica está pretendiendo comportamientos cada vez más complejos de los robots: más orgánicos. Dentro de la robótica, la cibernética es la ciencia que estudia los sistemas de comunicación y de regulación automática de los seres vivos, y los aplica a los robots, que no son más que sistemas electrónicos y mecánicos que se parecen a ellos. Creo que esta disciplina es por lo tanto útil para entender el viaje que hay que transitar también en la gestión de las empresas.

Para incrementar su autonomía y rango de funciones, se está dotando a los robots de cada vez más sensores; y, mediante algoritmos de inteligencia artificial, se les está *enseñando* a tomar decisiones en entornos cada vez más complejos. En este sentido, tal vez uno de los ejemplos más avanzados y sorprendentes sea el de las crecientes capacidades de conducción autónoma de los coches. Empresas como Tesla y Google, en otros, ya están consiguiendo que sus coches funcionen con increíble autonomía, en entornos ciertamente complejos. Es prácticamente seguro que la conducción 100% autónoma será una realidad relativamente pronto.

Ahora bien, desde los primeros avances en conducción autónoma hasta llegar a las capacidades de los coches más avanzados, no ha cambiado la estructura esencial de los automóviles. Siguen teniendo cuatro ruedas, faros, puertas, volante, etc. Mecánica y estructuralmente son prácticamente iguales. Lo que ha cambiado es el sistema de control. Lo que tienen los coches más autónomos son más sensores, una central de procesamiento más potente y algoritmos más sofisticados de inteligencia artificial. Es decir, el sistema de control es más complejo, aunque no tanto el coche en sí.

Volvamos al mundo de la empresa. La concepción de la gestión científica pretende simplificar el sistema de control de la empresa. Pretende eliminar complejidad en la operación, para que todo sea previsible y controlable desde el cuadro de mandos. Esto hace la empresa aparentemente más inteligible, pero infinitamente menos preparada para lidiar con un entorno complejo. Lo que estoy tratando de explicar es, de hecho, una ley fundamental de la cibernética: la ley de la variedad requerida. Esta establece, en resumen, que, para que un sistema sea estable, el número de estados que su sistema de control sea capaz de gestionar debe ser mayor o igual que el número de estados que pueda adoptar el sistema que quiere controlar.

Dicho de otra manera, el mecanismo de control de las empresas debe ser, al menos, tan complejo como la propia organización. En consecuencia, no se debe simplificar la gestión de las empresas para poder controlarlas, porque eso limita la capacidad de respuesta de la organización ante el entorno cambiante. Esta es la razón por la que tantas empresas se sienten incapaces de hacer más, de innovar y de implicar a sus equipos. Tienen los movimientos limitados. Sus articulaciones rechinan y protestan, porque les llegan instrucciones limitadas y miopes.

Esto tiene una implicación fundamental para el liderazgo. Los directivos y gerentes de empresa deben aprender a gestionar la complejidad. **Los líderes no pueden pretender controlar con normas e instrucciones sencillas una operación que es compleja.** Los equipos, las áreas funcionales y las organizaciones en general, y **sus**

sistemas de control deben ser más complejos, no menos, y eso implica más información, más compartida, más canales de comunicación, más personas tomando decisiones, más proyectos, etc.

Una persona, por muy capaz que sea, solo conseguirá limitar la capacidad del sistema si pretende controlar toda su complejidad. Sé que esto puede parecerles terrorífico a muchos directivos. Cuando empiezan a ser conscientes de ello, muchos se preguntan inmediatamente cómo se puede conseguir esto sin caer en la anarquía.

Adelantemos, por lo pronto, que se puede. Se puede de la misma manera en que lo hace el cuerpo humano, o de la manera en que una parvada de aves vuela en formación pese a no tener un líder, o del mismo modo que un cardumen de peces se coordina en formas regulares sin que cada uno vaya por su lado. El control centralizado no existe en la naturaleza —probablemente porque no es eficiente— pero no necesariamente deriva en caos.

Claves del capítulo y conclusiones prácticas

- El sistema de gestión de las empresas debe ser tan complejo como lo es el propio entorno. Esto no se puede normativizar ni mecanizar mediante instrucciones sencillas y unos pocos KPI inamovibles.

- Los líderes deben aprender a gestionar la complejidad, y entender que hay cosas que no van a poder controlar. De hecho, deben aprender a permitir que ocurran cosas fuera de su alcance.

CAPÍTULO 6

El empoderamiento de los equipos. En boca de todos, pero muy pocos lo aplican de verdad

Creo que ya tenemos muchas pistas sobre qué hacer para que las empresas sean capaces de superar los inconvenientes de la gestión científica. Las que lo han conseguido se diferencian, en esencia, porque han aprendido a otorgar autonomía a sus equipos sin que se pierda la visión de conjunto; como lo hacen los comandos del ejército de Estados Unidos, que son capaces de interpretar las situaciones y reaccionar con agilidad, sin tener que esperar instrucciones externas.

Lo cierto, es que no soy el único que propugna estas ideas. Muy al contrario, son cientos los libros, artículos y conferenciantes que hablan de términos como empoderamiento y autonomía. No obstante, no todos entienden lo mismo cuando hablan de empoderamiento.

Lo que he percibido, en muchas ocasiones, es un esfuerzo por integrar esta necesidad de otorgar autonomía a los equipos con el mantenimiento del sistema tradicional de la gestión de empresas, y que ya hemos aprendido a identificar un poco mejor: el de la gestión científica. Es aquí donde la cuestión se vuelve intrincada. Asegurar la autonomía de los equipos en un modelo diseñado precisamente para evitarla es lo que no funciona. Es como tratar de utilizar un globo aerostático para navegar bajo el agua.

Es aquí donde muchas iniciativas empresariales fracasan en sus intentos de cambio. Incluso metodologías de gestión del cambio reconocidas internacionalmente como ADKAR, los 8 pasos de Kotter, o las 7 eses de Mckinsey, tropiezan, en mi opinión, en este mismo punto.

Por eso es por lo que he considerado relevantes los capítulos anteriores. El empoderamiento real, como yo lo entiendo, es incompatible con un sistema de gestión *tayloriano*.

**Cambiar una organización implica
cambiar su sistema de gestión**

Si hemos identificado el empoderamiento de los equipos como una clave fundamental, deberemos preguntarnos cómo es el sistema que permite tener equipos empoderados, y asegurarnos de que avanzamos en esa misma dirección. Poco a poco iré dando respuesta a esas cuestiones. En la tercera parte del libro abordaré cómo se pueden inducir esos cambios, y adelantaré aquí una primera idea: el punto de partida para transformar una organización no consiste en cambiar a las personas.

Lo que pretenden ciertas iniciativas de transformación es cambiar la mentalidad de las personas y, con ella, sus comportamientos. En esta línea se enmarcan iniciativas como, por ejemplo, ciertos tipos de *coaching* ejecutivo, las formaciones y dinámicas de grupo en los equipos, o las declaraciones de misión, visión y valores de las empresas. Todas ellas pretenden convencer a las personas para que cambien su manera de pensar y actuar, pero esto es confundir el orden de los factores; y en este caso el orden de los factores sí que influye sobre el producto. No se puede convencer —ni tampoco manipular— a las personas. Lo que hay que hacer es cambiar el sistema y con él cambiarán las actitudes.

La definición de empoderamiento

Por tanto, lo que estamos buscando es un nuevo sistema que nos permita contar con equipos empoderados. Para entender cómo es este sistema deberemos empezar estableciendo qué es un equipo empoderado.

En este punto es posible encontrar diferentes interpretaciones. Como he argumentado, algunas personas intentan integrar el empoderamiento de los equipos con un sistema esencialmente jerárquico, lo que es inevitablemente confuso. Incapaces de deshacerse de la concepción mecanicista, el empoderamiento puede confundirse con conceptos muy distintos, como, por ejemplo, la división del trabajo.

En ocasiones he hablado con líderes modernos y bienintencionados que afirmaban tener equipos empoderados. Pero la realidad es que todavía es muy infrecuente que sea así. De lo que la mayoría de los líderes de equipo y gerentes no son muchas veces conscientes es de que, a veces sin pretenderlo, siguen ejerciendo una autoridad constante sobre el equipo.

Es difícil que los líderes de equipo abandonen el hábito de la autoridad, porque así se les ha enseñado, y porque es algo muy ligado al entendimiento que en general se tiene sobre el liderazgo; al menos en Occidente.

Dicho de forma simple y directa: **un equipo empoderado es un equipo capaz de tomar decisiones**, como los comandos del ejército norteamericano.

Es en este punto donde se inicia la confusión. Si el equipo ejerce la autoridad, no lo puede hacer el líder. Cuando se empodera a un equipo o persona, se le entrega la autoridad, y esta no se puede retirar según las conveniencias. Los líderes no deben reaccionar como el niño que es dueño del balón de fútbol y obliga a terminar el partido cuando las cosas no van como le gustaría.

Esto implica, entre otras cosas, ser consciente de que cuando se empodera a una persona o equipo, se debe hacer para la consecución de un objetivo. El equipo deberá decidir cómo se organiza, o las etapas a seguir para el cumplimiento de esa función. El líder que quiera empoderar a un equipo debe renunciar a la tarea de establecerles las tareas o definirles los hitos, lo que implica que es el equipo quien debe tomar las decisiones sobre cómo alcanzar el objetivo.

Como indiqué, empoderamiento no tiene nada que ver con división del trabajo. El empoderamiento se establece a nivel de funciones y objetivos, no a nivel de tareas. El responsable podrá, por supuesto, revisar los avances en relación con los objetivos planteados, y también podrá aconsejar, pero no deberá interferir.

Recordemos por qué estamos haciendo todo esto. Buscamos equipos autónomos, capaces de reaccionar al entorno y encontrar soluciones óptimas por sí mismos, y de manera ágil. Si interferimos, eso nunca ocurrirá. El empoderamiento no será real, y la magia no se producirá.

Es importante, en cualquier caso, ser consciente de que el empoderamiento requiere entrenamiento, y que obliga a desarrollar hábitos distintos tanto por parte de los líderes como de los equipos. No pretendo sugerir que las cosas vayan a cambiar de la noche a la mañana, pero siguiendo las pautas adecuadas, el proceso puede ser más rápido de lo que la mayoría de las personas se imagina. En todo caso, todo va a depender del líder. Solo quien tiene la autoridad puede empoderar a los equipos, y solo esa persona puede asegurarse de que el proceso no fracase.

Entiendo perfectamente, porque yo mismo me he enfrentado a ello, la reticencia que pueden despertar estas ideas en los líderes de equipo; al fin y al cabo, es a ellos a los que se va a hacer responsable. No obstante, no abogo tampoco por un sistema de anarquía.

Estoy tratando de acotar el alcance de la idea de un equipo o persona empoderados. No estoy diciendo que todos los equipos, o todas las personas, deban ejercer la autoridad, y tampoco que lo deban hacer sobre cualquier asunto. Ya lo iré analizando, pero antes profundizaré un poco más, en los próximos capítulos, en algunas ideas fundamentales relacionadas con la autoridad.

Claves del capítulo y conclusiones prácticas

Ideas sobre el empoderamiento:

- Empoderar es otorgar al equipo o personas empoderados la capacidad de tomar decisiones.

- Los equipos empoderados normalmente se establecen para la consecución de objetivos, no para la realización de tareas. Es decir, un equipo o persona empoderado se autoorganiza de la manera que considere óptima para la consecución de los objetivos.

- No se debe interferir con la capacidad de los equipos empoderados para tomar decisiones. En último término, el líder tiene la potestad de revocar la autoridad, pero mientras un equipo es responsable de un objetivo, se debe dejar que encuentre sus propios caminos.

- Los responsables que han decidido empoderar a un equipo deben renunciar a ejercer la autoridad en el día a día, pero pueden aconsejar y orientar, si el equipo se lo solicita.

CAPÍTULO 7

La dicotomía autoridad/ responsabilidad: dos caras de una misma moneda

Ahora ya sabemos lo que implica empoderar a los equipos. Empoderarlos implica permitirles tomar decisiones, y esa es la vía para construir una organización realmente ágil. Creo que es fácil entender que de esta manera se pueden maximizar el número de decisiones en la empresa, como nos habíamos propuesto. No obstante, es evidente que no es solo una cuestión de número, sino que debemos asegurarnos de que la calidad de las decisiones también sea adecuada.

Pese a los múltiples problemas que hemos visto que acarrea la toma de decisiones jerárquica, no pretendo sugerir que la delegación de autoridad vaya a solucionar mágicamente todos los problemas. Es necesario entender cómo se puede ejercer un empoderamiento adecuado, qué obstáculos hay que vencer, cuál es el rol de *managers* y equipos, cómo van a funcionar los equipos empoderados, etc.

Queda, por tanto, mucho que desentrañar. Empecemos por entender qué obstáculos pueden interferir en un proceso de empoderamiento. Otorgar más autoridad a los equipos implica sortear muchas reticencias, y, primeramente, reticencias internas.

¿De verdad se puede confiar en los equipos?

Cuando confronto estas ideas con líderes, muchos empiezan cuestionando la responsabilidad de sus equipos. Esto es, de hecho, muy común. Muchos responsables de equipo me han transmitido exactamente la misma preocupación, con palabras muy similares: «mis equipos no son responsables». Lo dicen sin paliativos, de manera absoluta y categórica; pero en este punto los líderes suelen hacer una interpretación sesgada, en mi opinión, de las actitudes de su equipo. Esta percepción, por cierto, de la falta de responsabilidad, me la han transmitido líderes muy distintos, en empresas de tamaño muy variado, y en diferentes países, por lo que no creo que en ello pesen los aspectos culturales.

¿Qué quieren decir los directivos, entonces, cuando afirman que sus equipos no son responsables? ¿Es esto estadísticamente posible? ¿Quieren decir que ninguna persona de su equipo es responsable? ¿Puede ser que la mala suerte se haya cebado con estos desdichados líderes y que de verdad les hayan tocado equipos especialmente apáticos? Si la mayoría de los líderes que he conocido achacan falta de responsabilidad a sus equipos, ¿dónde están las personas responsables? ¿Es la responsabilidad una rara condición en las personas?

Cuando me encuentro ante estos planteamientos, normalmente los cuestiono; a los que achacan irresponsabilidad a sus equipos, normalmente les pregunto qué quieren decir exactamente. ¿Es una característica intrínseca de los miembros de sus equipos? ¿Son personas que cuando salen del trabajo se gastan el salario en la sala de bingo? ¿Tienen a sus hijos desatendidos? ¿Conducen embriagados? ¿No reciclan? ¿Carecen de un plan de pensiones para el futuro? ¿Por qué, y hasta qué punto, son irresponsables?

Responsabilidad y *accountability*

Cuando los líderes de equipo afirman que sus equipos no son responsables, no creo que en realidad estén haciendo un juicio de valor absoluto sobre sus colaboradores. Creo que lo que quieren transmitir, más bien, es que no los ven aptos para tomar decisiones. Sienten que les falta implicación, los perciben apáticos, y consideran que les falta visión de conjunto.

Hay un término inglés que creo que no tiene un equivalente exacto en español: *accountability*. Muchas veces se suele traducir precisamente como responsabilidad, pero *accountability* tiene un significado más específico. No es responsabilidad en el sentido de ser fiable y cumplidor. *Accountability* tiene precisamente más que ver con la toma de decisión. Una persona *accountable* es una persona consciente del resultado de sus acciones. Es una persona que va más allá de recibir instrucciones, que analiza las repercusiones, y busca resultados óptimos.

En el ámbito de la empresa, una persona *accountable* ve más allá de sus tareas, y actúa con visión de conjunto. Estas personas tratan de marcar la diferencia, y buscan los mejores resultados para el equipo, la empresa o tal vez incluso el mundo.

Creo que cuando los gerentes achacan falta de responsabilidad a sus equipos, en realidad, lo que están diciendo es que no los consideran *accountables*. No los ven capaces de tomar decisiones acertadas e informadas.

No obstante, en esto hay una cuestión de perspectiva, ¿las personas no deben tomar decisiones porque no son responsables, o no parecen responsables porque nunca toman decisiones?

Ya comenté anteriormente cómo es incoherente hacer responsables a los equipos de los resultados si ellos no toman las decisiones. Solo los que toman decisiones sobre algo son responsables —o más bien *accountables*— por los resultados.

No obstante, esta idea se puede contemplar desde la perspectiva inversa: cuando las personas no toman decisiones, no se sienten responsables sobre los resultados, luego no se comportan como si lo fueran.

Es lógico, en consecuencia, que los líderes de equipo tengan la impresión de que sus equipos no son responsables, porque, de hecho, no lo son, y, por tanto, no se comportan en consecuencia. Ya transmití esta idea anteriormente: **cuanto más autoritaria es la cultura en un equipo o empresa, menos capaces parecen las personas de tomar decisiones**. Ya podemos entender esta idea con un poco más de precisión: cuantas más decisiones toman por mí, menos responsable soy y, en consecuencia, menos me preocupo por las implicaciones de lo que hago.

Un símil muy interesante para entender el proceso de empoderamiento es el de los equipos deportivos. Pongamos el caso de un partido de fútbol. En el campo todos los jugadores son conscientes de su fin último: meter más goles que el rival. Las personas en el terreno de juego son absolutamente responsables de sus actos. Los entrenadores no pueden entrar al terreno de juego a regatear.

Imaginemos un jugador distraído pero que de repente recibe el balón. Tal vez estaba pensando en la discusión que había tenido con su pareja, o estaba tratando de recordar si ya había sacado al perro a pasear, pero en el momento en que recibe el balón y ve cómo se le acerca la defensa, probablemente abandonará todo pensamiento que no implique imaginar qué es lo mejor que puede hacer en ese momento para cumplir los objetivos del equipo. El proceso de empoderamiento tiene mucho que ver, por lo tanto, con poner el balón en los pies de las personas e implicarles en el juego.

Dos términos inseparables

Por lo tanto, responsabilidad y autoridad son, como venimos argumentando, dos caras de la misma moneda; una va a ligada a la otra.

Es importante ser consciente de que cuando se delega autoridad se traslada responsabilidad, o más bien *accountability*. Esto no es algo que haya que ocultar a los futuros decisores, sino más bien al contrario. Buscamos equipos responsables, y tienen que sentirse como tales. Me gusta argumentar que, al empoderar efectivamente a los equipos, se desarrollan sistemas de hiperresponsabilidad.

En ocasiones, al aplicar este proceso de empoderamiento con alguno de los equipos que he tenido la oportunidad de dirigir, alguna de las personas se preocupó por este tema, y me interrogó al respecto:

—¿De quién es la responsabilidad?

—La responsabilidad es tuya. —Respondo siempre sin paliativos.

—¿Y tú no tienes responsabilidad?

—Sí, yo soy responsable por haberte hecho responsable a ti.

Como en el símil del equipo de fútbol, los jugadores son 100% responsables. La responsabilidad no se comparte, ni se mitiga, aunque el entrenador también es responsable, entre otras cosas, de haber elegido la alineación. Las responsabilidades, en consecuencia, no se reparten, sino que se suman. La suma de las responsabilidades de las personas es más del 100%, si eso es posible, y, por eso me gusta argumentar que, cuando se empodera, no se están diluyendo responsabilidades, sino todo lo contrario.

Deshacer el nudo gordiano

Muchas personas dudan cuando entienden las implicaciones del empoderamiento y la responsabilidad que conlleva. Con frecuencia, son más los líderes que los equipos los que, desde una posición paternalista, argumentan en contra del exceso de responsabilidad de los equipos. A menudo, he oído de los líderes el argumento de que hay que proteger a los equipos, o que las personas no quieren responsabilidad, o que para eso están ellos —los líderes—, para dar la cara.

También, aunque menos veces, en ocasiones son las personas de los equipos las que protestan. A veces, hay personas que reaccionan al entender las implicaciones del proceso. Algunos directamente lo rechazan, otros reaccionan pidiendo mejoras salariales o de otro tipo.

Esto son parte de las inercias que hay que resolver en un proceso de empoderamiento. Está bien afrontarlas, y las reacciones van a ser tan diversas como personas haya involucradas. No puedo prever todas ellas, pero el proceso merece la pena. No solo por todo lo que hemos venido argumentando, sino también porque vas a conocer infinitamente mejor a tu equipo y sus mentalidades. Puede que algunos claramente rechacen la responsabilidad, pero ¿no es mejor ser consciente de ello y tenerlo presente? Si lo que buscas son equipos responsables, sacar a la luz estas reacciones es necesario y constructivo.

La realidad, en todo caso, según mi experiencia, es que los equipos no son, en general, reacios a la responsabilidad. Muy al contrario, empoderarlos les hace sentirse partícipes y da significado a su trabajo. Se sienten así valorados. Mi experiencia es que las personas lo perciben como algo muy positivo. Salir al terreno de juego es divertido. Cuando los equipos se convencen de su propia autonomía y se dan cuenta de que de verdad pueden desplegar su juego y marcar goles, las dinámicas de equipo cambian radicalmente y para siempre. Es así como la empresa empieza a funcionar de manera más orgánica.

En conclusión, hay que empoderar a los equipos, y eso implica otorgarles autoridad. No obstante, cuando están tan acostumbrados a obedecer y no cuestionarse las decisiones, es difícil saber quién está preparado para ello. Empoderar a los equipos implica necesariamente deshacer este nudo gordiano de la responsabilidad y la autoridad: solo dando autoridad a las personas se puede apreciar su verdadera disposición.

Pero ¿cómo darles autoridad si *a priori* no parecen preparados para ello?

Creo que es importante profundizar sobre el tema de las actitudes en los equipos. Esto es necesario para entender por qué las personas se comportan como lo hacen, y qué podemos hacer para cambiarlo. Tras entender esto veremos cómo se puede inducir un proceso de empoderamiento de manera estructurada.

Claves del capítulo y conclusiones prácticas

- Autoridad y responsabilidad son dos caras de la misma moneda. Las personas sin autoridad no parecerán responsables, porque de hecho no lo son.

- Al empoderar a los equipos se les hace 100% responsables sobre los asuntos sobre los que se les ha otorgado autoridad. El proceso de empoderamiento no debe entenderse, en ningún caso, como un reparto de la responsabilidad.

- En general, los equipos aprecian que se les implique y se les dé autoridad y responsabilidad. Sentirse implicados y responsables es divertido. Cuando entienden los objetivos y se sienten capaces de marcar la diferencia, las dinámicas de equipo cambian radicalmente.

CAPÍTULO 8

Las cuatro actitudes fundamentales en los equipos. Aprende a interpretar a tus equipos

Hemos visto que autoridad y responsabilidad van muy unidas, y que si otorgamos autoridad a las personas —las empoderamos—, con probabilidad vamos a apreciar un cambio en sus actitudes. Pero, ¿hasta qué punto? ¿Afecta el empoderamiento solo a la responsabilidad percibida y ejercida por las personas? ¿Puede que el empoderamiento repercuta sobre alguna otra actitud? ¿En qué manera?

Cuando trabajaba como director general en Natura Medioambiente quise apoyar a los equipos en su capacitación. No elaboré, no obstante, un plan personalizado de capacitación. Mi idea era que ellos también se implicaran en su propia formación y en la de sus compañeros. La idea era «pasarles el balón» también por lo que respecta a su propia formación.

En esa línea, entre otras cosas, organizamos una serie de cursos y talleres impartidos por los propios colaboradores para sus compañeros. Para mí era importante que las personas se formaran, además de en sus disciplinas concretas, en herramientas que les ayudaran a ser más efectivos. Por eso, entre otros, propusimos un curso de Excel, que se impartía una vez a la semana en horario de trabajo, de 9 a 10 de la mañana.

Natura Medioambiente es una consultara medioambiental y social, y los consultores se pasan una gran cantidad de su tiempo analizando datos con Excel. Había observado, sin embargo, que las personas no lo usaban adecuadamente y perdían una cantidad ingente de tiempo en cosas que se podían automatizar, y esto recurrentemente, y en todos los proyectos.

Al proporcionar esta formación, elaborada internamente, con casos directamente aplicables al día a día, y, aún más, al programarla a primera hora de la mañana y en horario laboral, esperaba que las personas se sumaran en bloque; pero no todos lo hicieron.

Sonia —utilizo aquí un pseudónimo— era una de nuestras directoras de proyecto más respetadas. Trabajaba duro y, en general, tenía un gran predicamento entre el equipo. De hecho, no es que trabajara duro: trabajaba en exceso. Con frecuencia era de las últimas en salir de la oficina. Muchos días trabajaba hasta después de las ocho de la noche y, a veces, emulando a Sabina, le daban las 10, y las 11, las 12, la 1 y las 2...

Juntos analizamos las causas en más de una ocasión. Yo sabía que, entre otras cosas, dominar el Excel le ayudaría a ahorrarse mucho tiempo y, sin embargo, ella era precisamente de las que no asistía a las formaciones que estábamos impartiendo. Un día, frustrado, le achaqué que no se implicara en ese aprendizaje, que iba a redundar solo en su propio beneficio. Para mí era evidente e incuestionable.

«No es solo que vas a mejorar como profesional —le dije— es que vas a ahorrar una barbaridad de tiempo. Procesos que te he visto hacer en horas, trabajando los datos uno por uno, vas a poder hacerlos en minutos. Yo no quiero que salgas tan tarde todos los días. Quiero que salgas a las 5 de la tarde, y que estés descansada y feliz».

En mi cabeza no había discusión posible. Imaginé que lo entendería y se daría cuenta de que, en esencia, me estaba preocupando por su bienestar, y se beneficiaría inmediatamente de la oportunidad que le estaba brindando. Pero, en lugar de ello, su respuesta me desconcertó. Me dijo que la empresa solo quería que ella ahorrara tiempo para que así pudiera hacer más trabajo y tener más beneficios, que era lo único que le importaba al patrón (Sonia era mexicana, y el término de patrón aún se usa allí con frecuencia). Yo era el director general, y el dueño de la empresa era una persona cercana y accesible, pero cuando Sonia juzgaba las intenciones del «patrón», creo que no se refería a nosotros concretamente; se refería a otra cosa. Era una cuestión de mentalidad.

En principio me quedé descolocado con su respuesta. De nada sirvió que le argumentara que el trabajo es el que es, y que ojalá pudiéramos conseguir más clientes, pero que eso no iba a depender de que ella hiciera más o menos en sus horas de trabajo. Era su mentalidad respecto de la empresa (y las empresas, en general), la que le llevaba a desconfiar de cualquier iniciativa propiciada por esta, aun si se ideaba en su propio beneficio. Desde su punto de vista, ella hacía su trabajo y eso bastaba. Cualquier cosa que iba más allá de lo que ella se había acostumbrado a hacer, la percibiría con suspicacia, aunque fuera ella misma quien ganara con ello.

Creo que este ejemplo sirve para ilustrar la importancia de la mentalidad y la cultura empresarial. Es decir, el conjunto de creencias que las personas tienen sobre la organización, sus valores y sus objetivos. La mentalidad, como veremos, es inseparable de la actitud de las personas y sus comportamientos.

En mi experiencia, las personas en los equipos de trabajo se pueden clasificar en cuatro estadios, en función de su nivel de implicación con el equipo o la organización. Yo los llamo los estadios de desafección, cumplimiento, compromiso y proactividad, clasificándolos de menor a mayor implicación.

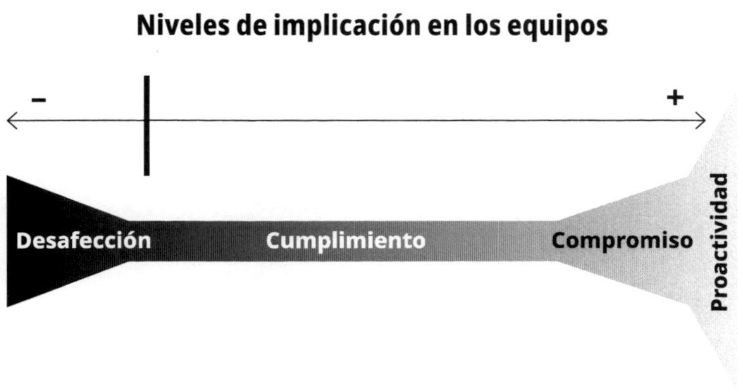

Niveles de implicación en los equipos

Ilustración 3. Los cuatro estadios de implicación en los equipos

Veamos cuál es la implicación en cada uno de estos estadios:

- **Desafección**

En el estadio de desafección las personas no solo no están comprometidas con la organización, sino que guardan sentimientos negativos con respecto a esta. Son personas que pueden sentir rencor, a veces enconado, hacia sus jefes y/o hacia la empresa.

El hecho de que en la empresa permanezcan personas con rencor puede ser indudablemente muy pernicioso. Son personas que aportarán lo mínimo posible a la empresa; e incluso, si tienen la oportunidad, tratarán de perjudicarla.

No es posible generalizar aquí sobre las causas de esa desafección, que pueden ser múltiples. En algunos casos, pueden ser comprensibles, en personas que reaccionan a un ambiente laboral tal vez asfixiante, alimentado por una fuerte desconfianza desde la jerarquía. En otros casos, la desafección tal vez solo sea achacable al carácter de la persona, o a una manifiesta antipatía hacia su jefe, por ejemplo.

Sea cual sea la causa, estas personas pueden perdurar por años en organizaciones que detestan. El perjuicio que estas personas pueden causar es obvio. Lo que hay que tener en cuenta, sin embargo, es que estas personas pueden pasar desapercibidas en un ambiente de desafección general. Lógicamente, cuanto más negativo es el ambiente de trabajo, más probabilidad habrá de que haya personas en estado de desafección, pero, además, en estos entornos viciados también es mucho más difícil identificar a estas personas que, en algunos casos, aprenden a aprovecharse del sistema que desprecian.

Hay, por ejemplo, un tipo de personas en estadio de desafección que yo me he encontrado con cierta frecuencia en los equipos. Estas personas son capaces de mostrar una doble cara: alborotan y siembran malestar entre sus pares y subordinados, y se presentan, no obstante, como líderes fiables a los superiores, a los que convencen de su capacidad de liderazgo; les hacen creer que sin ellos el equipo sería inmanejable, cuando, en parte, son causantes del malestar generalizado. En muchos casos sus manipulaciones funcionan y se les pone al frente, como lobos a cargo del gallinero.

No hace falta insistir sobre lo peligroso que es esto para los equipos y para la empresa. Estas personas desafectas no es que estén desmotivadas, es que su motivación es negativa: tratarán de aprovecharse todo lo que puedan de la organización, sin ninguna consideración por los perjuicios que eso pueda causar.

La razón de que sea tan difícil identificar a estas personas es, como venimos argumentando, que los jefes muchas veces tienen dificultades para poder apreciar las verdaderas intenciones de sus colaboradores en un sistema jerárquico tradicional.

Si se piensa, es increíble que muchas empresas estén pagando a gente que trata de sabotearlas, y, sin embargo, creo que existe este tipo de personas en prácticamente todas las empresas. De hecho, te animo a hacer una búsqueda en internet sobre estudios de satisfacción laboral. Existen múltiples y diversos; algunos internacionales, como los elaborados por la consultora Gallup, y otros nacionales, centrados en las peculiaridades de cada mercado laboral. No incluyo fuentes porque son, como digo, muy diversas, pero no te costará encontrarlas. Solo teclea «empleados infelices» en Google y encontrarás múltiples referencias. En base a estas fuentes diversas, estadísticamente hablando, y con una uniformidad bastante llamativa entre distintos países, entre un 15 y un 25% de las personas están este estadio de desafección con sus empresas.

- **Cumplimiento**

En el estadio de cumplimiento, las personas tienen sentimientos más bien neutros con respecto a la organización. No guardan rencor, pero tampoco afección.

Para estas personas todas las empresas son iguales, así que su trabajo se percibe como un mal necesario. No tiene sentido enfadarse con la empresa, porque simplemente así es como son todas las empresas. Es como enfadarse con un mosquito por querer chuparte la sangre. Es molesto, pero es su naturaleza. Lo más que se puede hacer es exponerse lo menos posible a lo que nos causa malestar.

No obstante, estas personas son cumplidoras. Muchas veces son responsables, en el sentido de que tratarán de realizar con diligencia las tareas que consideran parte de su trabajo; aunque miden su esfuerzo y se resguardan dentro de su zona de confort. En todo caso no quieren que se les achaque falta de profesionalidad. Buscan responder a las expectativas y sentir que se han ganado su salario. El trabajo se percibe como un sacrificio necesario para poder vivir la vida de verdad, que se reactiva cada día en el momento en el que se sale de la oficina. Las personas en el estadio de cumplimiento hacen por lo tanto su trabajo, pero no van más allá. No se esfuerzan en pensar mejores maneras de hacer las cosas. No se implican en profundidad.

Este estadio es fácilmente identificable por el lenguaje que emplean los equipos. Las siguientes frases ponen de manifiesto un estadio de cumplimiento: «así es como se ha hecho siempre...», «no es culpa mía», «yo he hecho lo que me dijeron», «alguien me dijo que lo hiciera así», «para qué cambiar, si las cosas funcionan así», «yo sé hacerlo a mi manera», etc.

Sonia, la directora de proyectos con la que trabajé en Natura Medioambiente, se encontraba claramente en un estadio de cumplimiento. Ella hacía su trabajo, y, es más, lo hacía con gran esfuerzo, pero sin implicación. Una cosa es «echar horas», pero otra cosa es implicar el intelecto. Para pensar creativamente y esforzarse por mejorar hace falta motivación, y eso es justo de lo que carecen las personas en este estadio de cumplimiento.

En base a los estudios que comentamos anteriormente, en torno a un 70 u 80% de las personas en las empresas están en uno de los dos estadios comentados hasta ahora, de desafección o cumplimiento. Es decir, una gran mayoría de las personas en las empresas acuden a hacer lo que les dicen y tratan de no involucrarse demasiado personalmente. Esto es claramente consistente con la creencia de muchos líderes, como ya vimos, de que sus equipos no son responsables, ni proactivos, ni están implicados.

Una gran mayoría de las personas en las empresas acuden a hacer lo que les dicen y tratan de no involucrarse demasiado personalmente

---

■ Compromiso y proactividad

Si tenemos en cuenta los porcentajes que hemos expuesto anteriormente, solo entre un 20 y un 30% de las personas se encuentran en las empresas en un estadio de compromiso o proactividad. Y de ese porcentaje, en mi experiencia, menos de un 5% estaría concretamente en el estadio de proactividad. Esta es una apreciación personal, basada en mi experiencia subjetiva, y que no se sustenta, en este caso, en ninguna otra fuente.

La cuestión es: ¿qué diferencia el compromiso de la proactividad? En ambos estadios las personas se involucrarán más allá del cumplimiento. Las personas en estadio de compromiso harán propuestas y se mostrarán más adaptables y dispuestas a los cambios. Son personas que sienten afección hacia la empresa. La aprecian y sienten un orgullo de pertenencia. Aun así, las personas comprometidas mantienen una clara separación entre su dimensión profesional y la personal.

En las personas proactivas esa diferenciación se hace más difusa. Estas personas viven el trabajo con plenitud y en ellos se aprecian actitudes propias de lo que yo llamo «microempresario». Sienten la empresa como propia y, por lo tanto, no sienten la necesidad de acotar su espacio personal de manera estricta.

Sé que esto que afirmo puede resultar polémico, pero ¿puede en algún caso ser positivo que se diluya esta separación entre lo personal y lo profesional? Esta idea puede parecer anacrónica, cuando, como sociedad, llevamos años luchando precisamente por lo contrario; sin embargo, desde cierto punto de vista, es una idea más bien vanguardista. Explicaré un poco más este aspecto, ya que no querría ser malinterpretado en este punto.

Efectivamente, hace ya tiempo que los conceptos de conciliación laboral se popularizaron en el mundo de la empresa, de la mano de las legislaciones laborales más modernas, y no digo que esto esté mal. Desde una visión mecanicista de la relación laboral —muy relacionada con la concepción taylorista de la que hemos venido hablando— el patrón es «dueño» del empleado durante el tiempo que está en la empresa, y se siente en disposición de decirle qué hacer y cómo hacerlo.

Teniendo esto en consideración, las legislaciones laborales son absolutamente necesarias. No seré yo quien abogue en contra de ello. Ahora bien, si esto tiene todo el sentido del mundo en las empresas de la gestión científica —la mayoría de las empresas actuales—, no creo que este caparazón legal se ajuste a la realidad de otro tipo empresas. Creo que la relación entre la vida personal y la profesional puede vivirse de una manera distinta, que implica hacer más ambigua esta separación. De hecho, este es un debate público de actualidad, especialmente tras la pandemia del coronavirus. Muchos hemos tenido que hacer importantes ajustes para integrar facetas de nuestra vida que permanecían antes física y temporalmente separadas de la parte profesional y que, con la popularización del trabajo remoto, se han mezclado.

Estos problemas se pueden afrontar, desde luego, desde una perspectiva normativa, estableciendo derechos y obligaciones desde los poderes públicos, y reitero que es probablemente deseable y necesario, pero «al César lo que es del César». A los gobernantes les debe preocupar el bienestar de los ciudadanos y tratarán de evitar conductas abusivas por parte de las empresas. No obstante, una vez más, esta perspectiva parte muchas veces de una narrativa tradicional, en la que las empresas efectivamente buscan explotar a los trabajadores, y los trabajadores son sujetos pasivos, sin posibilidad de decidir.

No me opongo en definitiva al desarrollo de las legislaciones laborales, que pueden ser esenciales para el bienestar de millones de personas, pero estas legislaciones tampoco deberían, en mi opinión, condicionar el desarrollo de aquellas organizaciones que comulguen igualmente con el bienestar de sus trabajadores. En mi opinión, no existe una contradicción entre la maximización del bienestar de los colaboradores y la disolución de los límites entre trabajo y vida personal. Creo que es posible afrontar estos aspectos desde una perspectiva distinta.

Cuando el propósito de la empresa es coincidente con los valores y actitudes de sus colaboradores, que los perciben como algo importante, y cuando ellos mismos participan de la toma de decisiones, la empresa comienza a sentirse como algo propio. La raya entre lo personal y lo profesional, de esta manera, ya no la pone la empresa, ni tampoco la legislación, sino que son las personas las que eligen voluntariamente cómo vivir su vida, incorporando la parte profesional como una dimensión más de la misma, no necesariamente negativa, ni separada del resto de dimensiones. Son personas que acuden plenas a su trabajo.

Estas distintas dimensiones de la vida a veces entran en conflicto, pero las más de las veces se complementan, alimentando un crecimiento más integral. Este es el concepto de plenitud, que implica una perspectiva algo distinta al concepto de conciliación en el trabajo. Las personas no necesitan compartimentar, sino que comparten su ser de una manera más integral y natural. Al sentir la empresa como algo propio, no existe lucha ni rechazo, y se involucran de manera más completa. En este contexto, enseguida se empiezan a apreciar en los colaboradores actitudes de microempresario. No solo cumplen con su trabajo (actitud típica de la empresa tradicional); y se comprometen con los objetivos de la empresa (empresa pluralista), sino que sienten la empresa como propia (empresa orgánica).

El siguiente listado muestra algunas de estas actitudes diferenciales de los colaboradores que acuden con plenitud al trabajo, y que sienten la empresa como algo propio; es decir, que están en el estadio de proactividad:

- ○ No solo proponen iniciativas, sino que se involucran y se implican en su desarrollo.

○ Ponen al servicio de los objetivos compartidos de la empresa y los equipos todas sus habilidades. En ocasiones he descubierto cómo personas de mi equipo demostraban talentos después de bastante tiempo que no habían compartido nunca; por ejemplo: personas que saben dibujar, diseñar, o que programan en sus ratos libres, o que escriben o les gusta la fotografía, etc. La persona que acude con plenitud al trabajo exhibe todos sus talentos de manera natural, y quiere utilizarlos en favor de los objetivos de la empresa, con los que comulga. Cuando no es así, las personas exhiben exclusivamente las habilidades que les sirven para cumplir con su rutina, y tienden a ser reservadas respecto al resto.

○ Flexibilizan sus horarios: trabajan más si lo consideran necesario, pero se toman su tiempo cuando lo requieren. Las personas plenas no computan, bajo la mentalidad mercantilista, lo que aportan y reciben; tampoco lo debe hacer la empresa que quiera incentivar este tipo de mentalidades. Como microempresarios, las personas proactivas tal vez decidan trabajar un fin de semana si así lo sienten oportuno, pero se tomarán un día libre cuando personalmente lo requieran, o como sugiere muy significativamente Yvon Chouinard, fundador de Patagonia, en su libro *Let my people go surfing*, si las olas están ideales y quieren pasar un buen rato surfeando.

○ Involucran a sus redes personales de contactos y recomiendan a la empresa. Por ejemplo, estas personas buscarán talento entre sus contactos cuando haya una vacante, venderán los servicios y productos de la empresa si tienen ocasión, participarán en las estrategias de marketing, generando y compartiendo mensajes, etc. Alguno tal vez piense que eso debería ser lo normal, pero la verdad es que es difícil que las personas adopten actitudes realmente proactivas cuando implican a sus redes más personales, precisamente por la marca infranqueable con la que normalmente separan vida personal y trabajo.

Los trabajadores plenos y proactivos, en definitiva, sienten la empresa como algo propio. Como el jugador de un equipo deportivo, quieren ver a su empresa triunfar, conquistar torneos y campeonatos, y destacar en el mundo: están dispuestos a esforzarse por esta misión, buscando meter goles cada día.

Pero, una vez más, esto no se puede forzar. No propongo esto como un medio sutil de esclavizar a las personas con una coartada de modernidad. No trato de vestir de seda actitudes del pasado. Adoptar estas actitudes es una decisión personal de cada colaborador, y solamente ocurre cuando las personas voluntariamente quieren dar esos pasos. La empresa y sus directivos solo pueden invitarlos a participar, a implicarse. En todo caso, la transformación de la empresa debe ser consistente, coherente y sincera, ¡pero los resultados están garantizados!

Cuando se repiensan las empresas con una perspectiva holística, sustituyendo con convicción los principios de la gestión científica por otros que, aunque al principio sorprendan, son más lógicos y racionales, se pueden construir equipos más efectivos, creativos, proactivos y, sin lugar a dudas, más felices, aun cuando ello implique derribar ciertas barreras en la relación laboral.

Conclusiones

En este capítulo hemos aprendido a identificar los cuatro estadios de implicación. ¿En qué estadio se encuentran las personas de tu equipo? ¿Qué porcentaje del equipo se encuentra en cada uno de los estadios? ¿A qué se debe que estos patrones se repitan en tantas empresas y que, de hecho, lo hagan en porcentajes tan similares?

Se podría pensar que es una cuestión estadística. Las personas somos así aproximadamente en estos porcentajes: hay personas proactivas, otras conformistas y otras aprovechadas, por lo tanto, estadísticamente esto es lo normal. Pero no pienso que ese sea el caso. Creo que estos porcentajes son inducidos, en gran medida. Ocurren como consecuencia del sistema que adoptamos: la gestión científica. Recordemos que este sistema implica una concepción mecanicista de la empresa, en la que cada persona ocupa un espacio muy concreto en la organización, y en la que las personas deben realizar las tareas que la administración les encomienda, con eficacia, y sin salirse del guion preestablecido.

No es de extrañar que el estadio más común en las empresas sea el de cumplimiento. Esto es lo que pretende la gestión científica: que las personas hagan su trabajo según se les solicita, ¡y sin rechistar!

Una vez más, llegamos a la misma conclusión. **Es el sistema el que condiciona los comportamientos.**

Al fin y al cabo, ¿las personas no suelen iniciar los trabajos con ilusión? Durante los primeros meses en una nueva posición laboral, es mucho más probable que las personas se encuentren en un estadio de proactividad y que intenten proponer y cambiar las cosas. Si estas iniciativas fracasan, o se eternizan, es lógico imaginar que su disposición vaya deslizándose hacia un estadio de cumplimiento o, en el peor de los casos, de desafección: **el sistema les arrastra.**

En el siguiente capítulo entenderemos un poco mejor esta idea, y cómo es posible para cualquier empresa cambiar el comportamiento de sus empleados en el trabajo.

Claves del capítulo y conclusiones prácticas

- Existen cuatro estadios de implicación en los equipos: desafección, cumplimiento, compromiso y proactividad.

- En las empresas actuales, la mayoría de las personas están en estadios de desafección o cumplimiento: no tienen la motivación que se requiere para implicarse, aprender, mejorar, innovar, ser creativos, etc.

- Los porcentajes de personas en cada estadio dependen en gran medida del sistema de gestión. Si un porcentaje alto de las personas están *robotizadas*, en estadios de desafección y cumplimiento, esto se debe justamente a que esa es la pretensión de la gestión científica.

- Trasladar a las personas hacia los estadios de compromiso y cumplimiento requiere cambiar el sistema e implementar uno que implique a los equipos en la toma de decisiones; es decir, entregarles el balón.

- El estadio de proactividad se da cuando las personas sienten la empresa como algo propio. En ese estadio las personas adoptan actitudes de microempresario, en las que las barreras entre vida personal y profesional se diluyen. Las personas en ese estadio viven el trabajo con plenitud y son capaces de desplegar todas sus habilidades, más allá de aquellas para las que se les ha contratado.

CAPÍTULO 9

El error fundamental de atribución. ¿Por qué las personas se comportan como lo hacen?

No sé hasta qué punto los últimos capítulos te hayan resultado extraños o sorprendentes. Estamos hablando de las actitudes de las personas, y sugiero que, en gran medida, se puede inducir un cambio en esas actitudes; sin embargo, este cambio no se puede producir, como muchas veces se pretende, tratando de convencer a esas personas. Tampoco creo que limitarse a dar ejemplo sea la manera más efectiva de influir sobre el comportamiento de las personas.

En mi opinión, la manera más efectiva de conseguir un cambio en las personas es trabajar sobre el sistema. El empoderamiento es una herramienta efectiva, como hemos visto, pero solamente cuando se aplica con convicción: cuando se implica a las personas y estas aprecian que son relevantes, y que sus actos cuentan; es entonces cuando se pueden modificar las actitudes.

Esto puede parecer sorprendente. La verdad es que tendemos a pensar que las actitudes de las personas son el fruto de su carácter, de sus creencias y su disposición interna. Raramente ponderamos el peso que la situación y el entorno ejerce sobre cada uno de nosotros y nuestros comportamientos.

Estarás de acuerdo conmigo en que todos nos comportamos de manera distinta según el contexto: no reaccionamos igual cuando estamos en familia que cuando nos juntamos con amigos, o que estando en el trabajo. Esto es evidente. Todos somos conscientes de ello, y, sin embargo, cuando se trata de juzgar a los demás, los despojamos de contexto. Rápidamente saltamos a los juicios de valor, como en los ejemplos que hemos ido presentando en los anteriores capítulos: «mis equipos no son responsables, ni proactivos, ni innovadores». Este tipo de juicios, tan comunes, se hacen de manera absoluta y universal, sin matices ni paliativos. No imaginamos que la empresa, o tal vez nuestra propia actitud como líderes, tengan influencia sobre esos comportamientos.

Como vimos en el capítulo anterior, hasta un 70 u 80% de las personas en las empresas se encuentran en una actitud de desafección o cumplimiento. No es de extrañar que los líderes consideren que las personas en las empresas no son responsables. Pero, ¿de verdad creemos que el 80% de la población es irresponsable? No hablo solo de España. Estos números no varían mucho en otros países. También en Alemania, Italia, Francia, o Japón, se dan valores similares; ¿el 80% de las personas del mundo son irresponsables? O, por otro lado: ¿por qué los líderes con autoridad sí suelen considerarse a sí mismos como «responsables»?

Se podría pensar que las empresas tienden a promocionar a los más responsables, y que eso pueda justificar el que los gerentes se consideren a sí mismo más responsables, a pesar de ser la responsabilidad estadísticamente una cualidad escasa. Esto explicaría esa marcada diferencia entre las actitudes de jefes y equipos, pero yo no creo que esta sea la razón.

Las personas prosperan en las empresas por muchas razones, y no siempre tiene que ver con sus méritos y actitudes. Muchas veces las personas ascienden por su capacidad para perdurar, por su resiliencia, por las relaciones personales, o, simplemente, porque les toca. Otras veces se escogen para puestos de responsabilidad a personas de fuera de la organización, por lo que sus actitudes son, de hecho, una incógnita.

Mi convicción es otra, y ya la he expuesto varias veces. Las personas en posiciones gerenciales o de dirección parecen más responsables (y proactivas, y esmeradas) simplemente **porque tienen autoridad**. Sus creencias sobre lo que se espera de ellos influyen sobre sus comportamientos. Es la situación la que los lleva a comportarse de una u otra manera.

El famoso experimento de Stanford

Para ilustrar la idea que estoy exponiendo me gusta recordar el famoso experimento de la cárcel de Stanford de 1971. Se trata de uno de los experimentos psicológicos más conocidos. Se reclutó a un conjunto de voluntarios, y a unos se les asignó el rol de carceleros y a otros de prisioneros. El experimento tuvo que ser cancelado antes de transcurrida una semana, ocho días antes de lo previsto, debido a las condiciones inhumanas a las que los falsos carceleros estaban sometiendo a los falsos presos.

Si bien este experimento ha sido muy cuestionado por razones éticas y científicas, creo que ilustra muy bien la importancia de la situación sobre el comportamiento de las personas. Las críticas al experimento, aunque justificadas en general, no invalidan esta conclusión, que es ampliamente aceptada por los psicólogos.

Efectivamente, la psicología ha estudiado ampliamente la *atribución*, que es la interpretación o explicación de los comportamientos. En psicología se habla de dos tipos de atribución: la disposicional y la situacional. La primera es la que explica el comportamiento de las personas como resultado de su carácter, creencias y disposición interna. La segunda atribuye el comportamiento a la situación.

Pues bien, ni nos comportamos igual en distintas situaciones, ni todas las personas reaccionamos de la misma manera ante una misma situación. Dicho de otra manera, en nuestro comportamiento influyen ambos tipos de atribuciones: depende tanto de nuestra disposición como de la situación en la que estamos. Entre los psicólogos no solamente hay un amplio consenso sobre la relevancia de la situación en los comportamientos, sino que han identificado un importante sesgo cognitivo de las personas, que han bautizado como el *error fundamental de atribución*.

El *error fundamental de atribución* ya lo hemos explicado anteriormente, aunque sin ponerle nombre. Es nuestra tendencia —de los seres humanos en general— a atribuir el comportamiento de las personas exclusivamente a su disposición, descontextualizándolo completamente. ¿Por qué es relevante todo esto? Porque este es el marco teórico que sustenta la conclusión que hemos venido vislumbrando: **la manera en que se organizan las empresas influye de manera determinante sobre los comportamientos de las personas**.

Tengamos en cuenta que si consideramos que los problemas de actitud se deben exclusivamente a la disposición de las personas (*atribución disposicional*), llegaremos a la conclusión tan generalizada de que la *culpa* de todo es solamente de las personas («mi equipo no es responsable»). Esto es lo común porque, en base al *error fundamental de atribución*, así es como lo solemos percibir los seres humanos. Es, por tanto, lo natural, pero eso no significa que sea lo correcto; es un sesgo humano, y, por ello, los psicólogos lo identificaron como un **error**. Por el contrario, si aceptamos el peso del entorno en nuestros comportamientos (*atribución situacional*), la conclusión lógica es que la culpa es del sistema.

Todo esto tiene importantes implicaciones para el ejercicio del liderazgo. La buena noticia, como veremos en los siguientes capítulos, es que, mientras que cambiar a las personas es muy difícil (e incluso cuestionable), cambiar el sistema no lo es tanto. Es fundamental entender esto para poder transitar un cambio real y efectivo en las organizaciones.

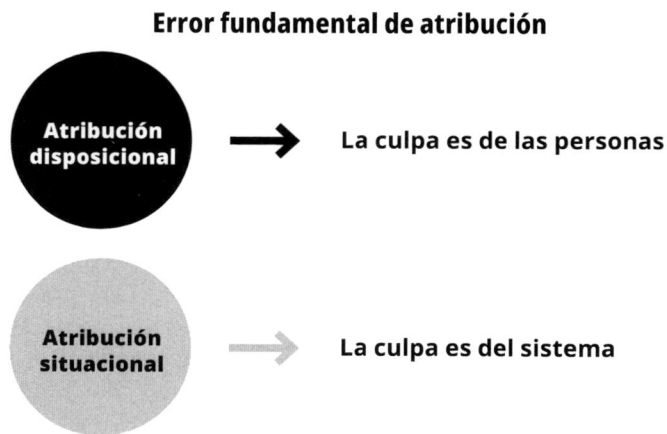

Error fundamental de atribución

Atribución disposicional → **La culpa es de las personas**

Atribución situacional ⇒ **La culpa es del sistema**

Ilustración 4. El error fundamental de atribución nos conduce a pensar que la culpa es de las personas y, sin embargo, es fundamental el contexto.

Claves del capítulo y conclusiones prácticas

¿A qué se deben los comportamientos de las personas?

- La situación y el contexto influyen sobre los comportamientos, por lo que es necesario cambiar los primeros para influir sobre los segundos.

- Juzgar equitativamente a los equipos nos obliga a superar un importante sesgo cognitivo de los humanos, y comprender que los comportamientos de los equipos están muy condicionados por su situación.

Parte III
Las claves del cambio

CAPÍTULO 10

Los agentes fundamentales del cambio. ¿Sabes quién puede cambiar realmente tu empresa?

En las dos primeras partes del libro he explicado las razones por las que es necesario acometer cambios en la manera de operar de las empresas, y la necesidad de empoderar a los equipos en todo proceso de transformación que quiera ser efectivo.

Empoderar a los equipos es darles su espacio en el terreno de juego; es decir, implicarlos en los objetivos empresariales y permitirles tomar decisiones. Para ello, y antes de adentrarnos en la parte más procedimental y ejecutiva, cabe hacer una reflexión general sobre el rol de los distintos actores que deben protagonizar un proceso de cambio. Observo que muchas empresas buscan a personas capaces de inducir cambios en sus organizaciones. En este sentido se ha popularizado la figura del *agente de cambio*. Con frecuencia, para cubrir este rol las empresas buscan a licenciados en psicología con al menos tres años de experiencia en departamentos de Recursos humanos. Pero enseguida surgen varias cuestiones que voy a tratar de responder:

—¿Son estas las cualificaciones idóneas para cambiar la organización?

—¿Cuál debe ser la posición jerárquica de estas personas para poder generar esos cambios?, ¿lo podrán hacer desde una posición de *staff*, como parte, por ejemplo, del departamento de Recursos humanos?

—¿Con qué recursos y atribuciones deberían contar, en ese caso?

Reconocidas metodologías de cambio, como, por ejemplo, los *8 pasos de Kotter* o el modelo *ADKAR*, se construyen en torno a la figura del agente del cambio. Estas metodologías establecen una serie de pautas, y resaltan la importancia de establecer hitos y pequeñas metas en los procesos de transformación; no obstante, adolecen de algunos aspectos que considero esenciales. En mi opinión, todo proceso de transformación debe partir de un entendimiento del modelo actual (lo que implica hacer un diagnóstico del sistema de gestión) y de una concreción del sistema hacia el que se quiere evolucionar. La mayoría de las metodologías que conozco tienen, en este sentido, un fallo de perspectiva:

- No implican un cambio fundamental desde el modelo de gestión tradicional. En esencia, se mantienen los principios jerárquicos y estructurales de la gestión científica.

- No aportan una visión sobre el modelo hacia el que quieren dirigir la organización. Estos procesos parten de la creencia de que se pueden cambiar los comportamientos de las personas sin cambiar fundamentalmente el modelo existente, e ignoran, por lo tanto, lo que ya aprendimos sobre la importancia de la atribución situacional.

- Infravaloran la importancia de los equipos en los procesos de cambio.

- El empoderamiento no es considerado un aspecto central del proceso de transformación y, si se aborda, se suele hacer de manera superficial.

En definitiva, a muchos de los procesos de transformación organizacional les cuesta separarse de la visión jerárquica mecanicista. Asumen que el cambio puede imponerse con una serie de procedimientos, a modo de lista de tareas, que obliguen a las personas a ir un poco más allá de sus ámbitos funcionales predefinidos. Es como sacudir el reloj que se retrasa, esperando que así retome su ritmo, o como agitar una colmena para reactivar su bullicio.

Estas estrategias solamente pueden llegar a tener éxito de manera limitada y temporal. Se puede sacar a una colmena de su letargo, pero cuando la situación se tranquilice volverá rápidamente a su inercia habitual. Lo que no se puede hacer es estar agitándola constantemente, porque eso acabaría rompiéndola. En cualquier caso, lo esencial aquí, es que no se puede contemplar el cambio como la labor de una serie de agentes externos, o de inductores circunstanciales. Por un lado, actuando desde una posición tangencial, estas personas difícilmente van a tener la influencia necesaria para provocar cambios sustanciales. Por otro lado, los cambios deben ser duraderos. El objetivo no es adaptarse puntualmente a una situación o introducir una serie de herramientas o metodologías; el objetivo debe ser establecer un sistema idóneo para evolucionar con el cambio de manera sostenida: para «bailar» con el cambio.

Para ello, como he venido argumentando, es necesario empoderar a los equipos. Lo que esto significa es que el cambio que buscamos se produce en la base de la organización. Es cierto que es imposible cambiar una organización si la dirección no está comprometida, pero la transformación solamente ocurrirá cuando la base —los equipos operativos— modifiquen sus mentalidades, sus comportamientos y sus dinámicas de operación.

La transformación de las empresas debe promoverse desde arriba, pero, en realidad, ocurre por abajo

---

En esto, **el papel de los mandos intermedios es esencial.** Si el elemento central de todo proceso de transformación es el empoderamiento de los equipos, la clave de todo el proceso la tienen aquellas personas capaces de empoderarlos, o sea, sus responsables directos. En conclusión, si quieres cambiar una organización desde la dirección, las personas fundamentales con las que hay que trabajar son los mandos intermedios. Ellos deben entender el camino que se desea transitar y deben aprender las estrategias que comentaré en los próximos capítulos, y que servirán para que los equipos funcionen con auténtica autonomía y con visión de conjunto.

Claves del capítulo y conclusiones prácticas

- Todo proceso de transformación requiere la convicción de la alta dirección, pero en realidad ocurre desde abajo.

- Los mandos intermedios son los únicos capaces de empoderar a los equipos, por lo que su papel es fundamental. Ellos deben aprender a realizar un proceso de empoderamiento.

CAPÍTULO 11

La ley esencial del liderazgo. Cómo liderar equipos empoderados

Recapitulemos. Estamos buscando la manera de construir equipos más proactivos y dinámicos, capaces de moverse con agilidad en un mundo incierto. Hemos visto que, para ello, el papel de los líderes de equipo es esencial. Lo que todo líder busca, en último término, es cómo inducir las actitudes y comportamientos deseados en sus equipos. Si muchos directivos perciben que sus equipos son irresponsables y apáticos, lo que el buen liderazgo debe conseguir es darle la vuelta a esa situación: inducir la transición desde la apatía hacia la proactividad. ¿Es eso algo que se puede enseñar a los líderes? ¿Cómo podemos ayudar a los mandos intermedios y líderes de equipo a ejercer un buen liderazgo? ¿Se trata solamente de dar discursos, charlas motivacionales, y con ello convencer a las personas?

Pienso que argumentar sobre los beneficios de una actitud positiva difícilmente cambiará la disposición inicial de las personas, conformada por años de experiencias previas. ¿Por qué personas adultas deberían cambiar sus creencias y valores porque otra persona se lo diga, por mucho que sea su superior? ¿Se puede influir sobre la disposición de las personas?

Como hemos visto, los rasgos de carácter, así como nuestro ego y nuestros valores condicionan nuestras actitudes (la atribución disposicional), pero las respuestas provocadas por estos factores van a ser esencialmente diferentes en función de nuestras mentalidades y nuestra disposición con respecto a la empresa (atribución situacional).

Imaginemos que tenemos un miedo profundo a errar. No nos gusta que nos corrijan y tememos quedar en evidencia o ser cuestionados.

Eso es algo que tal vez arrastremos desde antes de empezar nuestra andadura en una empresa (y que no va a cambiar fácilmente), pero la manera en que se va a manifestar este miedo puede ser radicalmente distinta según nuestras creencias sobre la empresa en la que trabajamos. Si pensamos que la empresa nos va a castigar por los errores, que solo se nos contrató por nuestros conocimientos y experiencia previa, y no nos podemos permitir, por tanto, demostrar desconocimiento, probablemente nos conduzcamos con miedo, mostremos indecisión y tratemos de ocultar nuestros pasos. Intentaremos exhibirnos lo menos posible. Este comportamiento será especialmente paralizante si nos imaginamos rodeados de tiburones. Tal vez reaccionemos con vehemencia ante cualquier cuestionamiento. La actitud será defensiva y puede que tendamos a culpar a nuestro entorno ante cualquier desliz.

Imaginemos, sin embargo, que nuestro jefe es dialogante, los compañeros se muestran siempre colaborativos y dispuestos a ayudar, hemos visto que los problemas se discuten y no se demonizan los errores; entonces, nuestro miedo a equivocarnos se va a manifestar de manera radicalmente distinta. No solo no ocultaremos nuestros pasos, sino que, tal vez al contrario, busquemos airearlos. Tal vez queramos hacer partícipes a los demás tanto para encontrar mejores soluciones como para diluir la carga emocional que nos implica tomar decisiones al sentir el respaldo de otras personas.

Con este ejemplo llegamos a una conclusión importante: si lo que queremos es influir sobre los comportamientos del equipo, no podemos ignorar sus mentalidades. Por mentalidades me refiero esencialmente a sus creencias con respecto a sus superiores, a la empresa y a sus valores. Por lo tanto, un primer paso que puede ser más efectivo que pretender cambiar el interior de las personas puede pasar por influir sobre sus creencias respecto de la empresa. Esto es más sencillo de lo que pueda parecer, más efectivo e incluso menos cuestionable, porque ¿hasta qué punto es lícito que las organizaciones se inmiscuyan en la psicología de sus colaboradores?

Actitud y mentalidad

Es importante entender bien esta relación entre las actitudes y las mentalidades. Los comportamientos y actitudes son la parte visible y evidente que podemos apreciar en las personas. A veces argumento que es como la parte flotante de un barco: lo que vemos. Sin embargo, las mentalidades son lo que se encuentra bajo el agua, y no lo vemos. Esta imagen es útil para entender dos cosas:

1. Actitudes y mentalidades están unidas y no se pueden separar

No se pueden cambiar los comportamientos sin influir en las mentalidades. Esto es una conclusión fundamental. De hecho, más allá de la que manejan otros autores, en lo personal, yo consideraría esta como **la primera ley fundamental del liderazgo**, ya que sus implicaciones prácticas obligan a replantear de manera esencial cómo se ejerce la gestión de equipos en muchas organizaciones.

Primera ley fundamental del liderazgo: no se pueden cambiar los comportamientos sin influir sobre las mentalidades

---

¿Cuál es la implicación? Muchos líderes —al menos muchos líderes tradicionales— operan identificando los comportamientos indeseados en las personas y tratando de forzar —muchas veces disciplinariamente— otros alternativos:

- Si quiero calidad, castigo los errores
- Si busco que las personas trabajen más, pongo controles horarios más estrictos
- Si me preocupa la capacidad de las personas, microgestiono...

Ahora bien, lo que nos dice esta ley que propongo es que cada vez que se toman esas iniciativas no solamente se fuerzan cambios de comportamiento, sino que se induce una nueva mentalidad en el equipo. De esta manera arraigan nuevas creencias del equipo sobre el líder y la empresa. En general, esta perspectiva de gestión induce **desconfianza y desafección** en los equipos. Cada comportamiento «forzado» puede desatar otros comportamientos indeseados en el largo plazo: falta de iniciativa, desmotivación, falta de implicación, etc. Es por esto por lo que muchos líderes acaban exhaustos, en una carrera sin fin: ponen normas y más normas, pero, como el agua, los equipos buscan vías de escape. Encuentran cómo aliviar la presión impuesta por las vías más inesperadas.

En resumen, esta primera ley fundamental del liderazgo invita a ser consciente de que no se pueden forzar los comportamientos sin cambiar, con ello, las mentalidades y creencias del equipo.

2. Los barcos se gobiernan con los elementos que están bajo el agua

La primera ley fundamental del liderazgo tiene, no obstante, un corolario. No se pueden cambiar los comportamientos sin influir sobre las mentalidades, pero, al contrario, **si se cambian las mentalidades se cambian los comportamientos**.

Corolario de la primera ley fundamental del liderazgo: Si cambio las mentalidades, cambiaré los comportamientos

---

El capitán de un barco tal vez esté detrás del timón, pero las hélices, la pala del timón y la quilla se encuentran bajo el agua. Los líderes efectivos son como un capitán de barco: saben inducir las mentalidades adecuadas de manera que el barco navegue con suavidad en la dirección deseada. Es decir, saben influir sobre lo que no se ve para que las personas empiecen a colaborar por los objetivos compartidos: el rumbo.

¿Y cómo se cambian las mentalidades?

Llegado a este punto tal vez te preguntes cómo se puede influir sobre las mentalidades. Existen tres maneras comúnmente utilizadas en las empresas:

1. La primera pasa por **convencer**. Mediante las famosas declaraciones de misión, los discursos, charlas internas, contratando a

consultores o *coaches* externos, o con escritos y *newsletters*, se trata de convencer a las personas sobre el propósito y los valores de la empresa, y las actitudes que se esperan de ellos. De esta manera, se intenta persuadir a los equipos, e imbuir un sentido de pertenencia y una mentalidad positiva hacia la empresa.

2. La segunda alternativa es **dar ejemplo**. Muchos líderes —aunque no tantas empresas, en su conjunto— buscan dar ejemplo; adoptan los comportamientos que esperan que calen en el conjunto del equipo.

3. La última opción es **implicar** a los equipos. Dejar que ellos mismos se involucren y participen de los objetivos de la empresa, conformando, sobre la marcha, sus propias creencias sobre la empresa y su papel dentro de la misma.

¿Qué sistema crees que puede ser más efectivo? Considero que el siguiente ejemplo ayuda a entender el potencial de cada una de estas estrategias:

¿Qué consideras que puede ser más efectivo para que una persona cambie sus hábitos alimenticios?

a. *Que se convenza por la propaganda institucional, que nos advierte del peligro del alcohol, las comidas ultraprocesadas y las bebidas azucaradas (convencimiento)*

b. *Que le afecte la enfermedad de un allegado (ejemplo)*

c. *O que ella misma enferme como consecuencia de sus malos hábitos (implicación)*

Lo mismo pasa con los equipos. La manera más efectiva de cambiar mentalidades es implicar a los equipos: ponerles el balón en los pies. Solo así sacamos a las personas del ostracismo y las convertimos en verdaderas protagonistas del éxito de los equipos, y de la empresa.

Segunda ley fundamental del liderazgo: la manera más efectiva de cambiar las mentalidades de los equipos y las personas es implicarlas personalmente, es decir, pasarles el balón

---

Qué tiene que hacer un líder

Estas leyes sobre el liderazgo ponen de manifiesto la importancia de los responsables de equipo. Ya hemos visto que su papel es clave. Lo que la primera ley del liderazgo viene a advertirnos es de los peligros de ejercer una dirección normativa, que pretenda guiar el comportamiento de cada persona, como el pastor que se asegura de que las ovejas avancen unidas en la dirección requerida. Ejercer el liderazgo de esta manera es como tratar de dirigir un barco de juguete empujándolo con la mano desde la cubierta. Si tratamos de moverlo en contra de su dirección natural, se resistirá y crujirá.

Los líderes deben aprender a ver más allá de los comportamientos, y eso requiere algo de entrenamiento. Antes de profundizar más en los procesos para el empoderamiento de los equipos, conviene, por tanto, detenerse un poco más en esta idea y en los comportamientos de los líderes que pueden perpetuar las dinámicas disfuncionales en los equipos.

Claves del capítulo y conclusiones prácticas

- **Primera ley fundamental del liderazgo**: no es posible cambiar los comportamientos sin cambiar las mentalidades. Comportamientos y mentalidades están unidos.

- **Corolario de la primera ley fundamental del liderazgo**: si cambiamos las mentalidades, cambiarán los comportamientos.

- **Segunda ley fundamental del liderazgo**: la manera más efectiva de cambiar las mentalidades de los equipos y las personas es implicarlas personalmente: pasarles el balón.

CAPÍTULO 12
Superar los paradigmas de la desconfianza. Hacia los equipos autónomos

Lo que hemos visto en los últimos capítulos basta para entender el círculo vicioso en el que se encuentran inmersos muchos equipos y empresas. El error fundamental de atribución lleva a muchos líderes a considerar que sus equipos no son responsables, ni fiables, ni lo bastante inteligentes, y que les falta iniciativa. Pretenden entonces atajar con normas los comportamientos que consideran mejorables: establecen horarios de trabajo, organizan y supervisan cada tarea de las personas de sus equipos, establecen hitos y objetivos, velan por cada recurso, interceden ante cada conflicto, etc. En resumen, microgestionan.

En base a la primera ley del liderazgo, con cada una de estas acciones se conforman las mentalidades del equipo. Se refuerza la creencia en el equipo de que la empresa y sus superiores no los consideran fiables, ni capaces, ni responsables; lo que es cierto, como empezamos planteando. En consecuencia, los equipos microgestionados, con tareas estrictas y exceso de normas, que además perciben la desconfianza de sus responsables, acaban acostumbrándose a la obediencia y renunciando a la iniciativa, lo que despierta la suspicacia de los superiores, en una especie de círculo vicioso. De esta manera, los equipos acaban comportándose robóticamente, y parecen así, efectivamente, incapaces de autogestionarse y tomar decisiones. Esto refuerza las creencias iniciales de los responsables. Este círculo vicioso puede estrecharse hasta niveles a veces asfixiantes. Esta dinámica es a la que yo llamo *los paradigmas de la desconfianza*, y romperla es, por tanto, esencial, si se quiere empoderar a los equipos de manera efectiva.

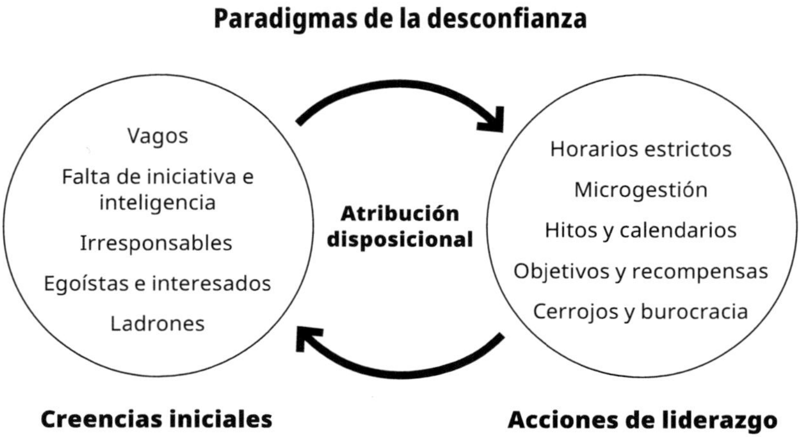

Paradigmas de la desconfianza

Vagos

Falta de iniciativa e inteligencia

Irresponsables

Egoístas e interesados

Ladrones

Atribución disposicional

Horarios estrictos

Microgestión

Hitos y calendarios

Objetivos y recompensas

Cerrojos y burocracia

Creencias iniciales

Acciones de liderazgo

Ilustración 5. Se establece un círculo vicioso entre las creencias iniciales de los líderes, y las mentalidades y comportamientos que se inducen en los equipos

Revisemos, un poco más en detalle algunas de las creencias iniciales de los líderes, sus implicaciones en el día a día de los equipos y, si es posible, démosles la vuelta. Identificar esto nos ayudará a entender algunos de los comportamientos que hemos normalizado en las empresas, pero que contribuyen a que se perpetúen estos paradigmas.

Los colaboradores SON fiables

La creencia de que los colaboradores no son fiables impide a algunos líderes ejercer efectivamente el proceso de delegación o empoderamiento. Si se considera a las personas dignas de confianza, es mucho más sencillo otorgarles autonomía real, pero ¿en qué momento, y hasta qué punto se puede delegar la autoridad? ¿Cómo puedo asegurarme de que alguien está preparado para funcionar con autonomía? Y, cuando lo haga, ¿hasta qué punto debo supervisar su trabajo?

En general, si dedicas un tiempo insuficiente a aportar retroalimentación al equipo, el período de aprendizaje puede alargarse innecesariamente; no obstante, una supervisión continua y demasiado detallada diluye el sentido de responsabilidad de los colaboradores. ¿Cómo equilibrar estos dos aspectos que pueden parecer contradictorios?

Lo primero que conviene aclarar es que **retroalimentación** y **supervisión** son dos cosas distintas. La diferencia, una vez más, se encuentra en quién ostenta la autoridad. El exceso de supervisión induce esquemas mentales representados por pensamientos como los siguientes: «Si va a haber una revisión, ¿para qué molestarse en hacer las cosas perfectas?, si hay un fallo, ya lo revisarán». «Esa es la función de mi jefe», «mi jefe ya se encargará de enfocar los trabajos adecuadamente. Él es el que sabe lo que quiere». Las personas, de esta manera, trabajan para su jefe; no para cumplir con los objetivos globales.

El supervisor, por definición, tiene la autoridad sobre un asunto y la ejerce; determina lo que está bien o mal. Aunque lo haga con tacto, está ejerciendo autoridad y esto está reñido con el principio de empoderamiento.

El sentido de responsabilidad que se detona cuando uno debe afrontar las consecuencias directas de su trabajo, es un componente esencial para que las personas vayan incrementando su autoexigencia y mejorando su rendimiento. No obstante, la retroalimentación es esencial. La retroalimentación puede ser aportada por el líder de equipo, por el propio equipo o por otras personas seleccionadas a tal efecto. La diferencia con respecto a la supervisión es que las personas que aportan retroalimentación no deben adueñarse de la autoridad sobre el asunto. Aportarán su punto de vista, pero la decisión sigue siendo del responsable. La retroalimentación debe tener un carácter más informativo y didáctico. Se deben así argumentar los puntos de vista y sus beneficios, porque, en último término, la persona que los recibe puede aceptarlos o no. Por la misma razón, puede haber una fase de argumentación y diálogo.

Esto no quiere decir que haya que renunciar a la supervisión en todos los casos. Veremos más adelante cómo realizar un proceso de empoderamiento, y eso implica evaluar si las personas están preparadas para funcionar con mayor o menor autonomía, y en qué aspectos. Es evidente que una persona que se inicia en un nuevo rol requiere de un proceso de aprendizaje. La experiencia es fundamental para poder tomar decisiones y, por tanto, hasta que se alcance cierto nivel de experiencia, es necesario realizar una supervisión sobre las personas que empiezan.

Concluyamos, *a priori*, que conviene maximizar la retroalimentación en los equipos, en detrimento de la supervisión, tal y como hizo nuestro cerebro cuando aprendimos a conducir. Supervisemos, para empezar, pero en cuanto podamos, deleguemos. A partir de ese momento asegurémonos de que haya procesos de retroalimentación, pero no suplantemos la autoridad delegada.

Conviene maximizar la retroalimentación en los equipos, en detrimento de la supervisión

---

Los colaboradores NO SON vagos

La asunción de que los colaboradores son vagos conduce a la lógica de la zanahoria y el burro. Con este supuesto, los colaboradores solo funcionarán bajo incentivo o palo. Se les ponen, en consecuencia, objetivos muy concretos y se les empuja a responder por ellos. Esta es la esencia de la gestión científica. Este enfoque direccionado tiene repercusiones significativas sobre la creatividad, la comunicación y la colaboración. Si se les pone un objetivo demasiado específico, y más si estos objetivos están vinculados a recompensas, los colaboradores tal vez empiecen a hacer cálculos, a volverse egoístas con su esfuerzo y a centrarse en sus propias metas, sin preocuparse por el conjunto.

Además, poner metas específicas a los colaboradores los convierte también en vagos como pensadores. Este enfoque teledirigido inhibe la creatividad; ¿qué sentido tiene pensar qué hacer o cómo hacerlo si ya hay alguien que lo hace por mí? Solamente conseguiremos equipos extraordinarios si incentivamos la creatividad de las personas, lo que únicamente ocurrirá cuando tengan la motivación suficiente para empezar a interiorizar los objetivos del conjunto y el propósito de la empresa o el equipo.

En resumen, es mejor aportar objetivos a los miembros del equipo, y dejar que ellos determinen la mejor manera de conseguirlos, que indicarles paso por paso qué es lo que tienen que hacer.

Los colaboradores QUIEREN aprender y mejorar

Cuando se trabaja con equipos desmotivados y microgestionados es fácil caer en la conclusión de que los miembros del equipo son conformistas y adolecen de toda inquietud por prosperar. Mediatizados por el efecto del ordeno y mando, los individuos se vuelven como robots y asumen pronto la mentalidad del trabajo como un mal necesario. No es raro, en esta situación, que les cueste ver la utilidad de recibir formación y crecer profesionalmente.

¿Para qué formarse si sus habilidades ya son suficientes y, en último término, se les dice siempre qué hacer? Está bien que los líderes preocupados por el desarrollo de sus colaboradores o los departamentos de Recursos humanos traten de diseñar un plan para cada uno de los individuos. Existen formaciones que son fundamentales para determinadas posiciones, por lo que es lógico que estén predefinidas. Aun así, más allá de las formaciones fundamentales, establecer un camino predefinido para cada colaborador —también en relación con su formación— implica nuevamente poner cotos y restricciones a su potencial como individuos.

¿Por qué no dar la oportunidad de que cada persona se oriente y se desarrolle en las áreas que más le interesen? Con motivación y espacio de maniobra, los individuos pueden acabar desarrollando su propio plan de formación. Tal vez, en ocasiones, este se salga de lo que esperamos, pero muchas veces esa es la manera de expandir las capacidades globales. Es indudable, por otro lado, que las personas obtendrán un mayor aprovechamiento de las formaciones que les interesan, que de las que se deciden o proponen por ellos.

Si se piensa bien, esto vuelve a colocar, una vez más, la responsabilidad sobre las personas. Esto implica que estas pueden ser capaces de decidir la mejor manera de emplear sus capacidades y cómo desarrollarlas por el bien de los objetivos globales como organización y para la consecución de su propósito.

Los colaboradores SON inteligentes y pueden tomar decisiones

Cuanto menos rango de acción y capacidad de toma de decisiones tengan los colaboradores, menos inteligentes parecerán. Nuevamente, si se impide la implicación real de las personas, no es de extrañar que estas acaben renunciando a su propia iniciativa; ¿por qué luchar contra un muro que saben infranqueable? Cuantas menos decisiones tomen las personas, menos capaces parecerán para tomarlas, lo que confirma la creencia inicial, como argumentamos anteriormente.

Este es uno de los aspectos fundamentales y una de las razones de que en algunos ambientes tradicionales cueste tanto sacar el máximo potencial de sus equipos. Tal y como argumentamos, los colaboradores deben *salir al terreno de juego*; deben verse a sí mismos con el balón en los pies y con los defensas acercándose. Solo así empezarán a moverse por propia iniciativa. Desconfiar por naturaleza de las intenciones de cada colaborador es como imaginar que un jugador de fútbol quisiera darse la vuelta y empezar a correr hacia su portería para meter un gol en propia meta.

Únicamente en las empresas se piensa que un miembro del equipo pueda tener interés en perjudicarlo; solo en las empresas se piensa que las personas con las que se cuenta pueden querer dañar a la propia empresa; que las personas, en realidad, no quieren ganar. Eso no pasa en el deporte, y tampoco en otro tipo de organizaciones. ¿Se te ocurre alguna organización en la que haya ese tipo de desconfianza hacia sus miembros? Piensa en ONG, equipos deportivos, grupos (*amateur*) de teatro, coros, grupos musicales... ¿Te imaginas que asumieran que las personas no van a mejorar y no quieren lo mejor para el grupo?

Solo en las empresas se piensa que un miembro del equipo pueda tener interés en perjudicarlo

---

Los anteriores son ejemplos de organizaciones a las que la gente se adscribe de manera voluntaria y tienen objetivos muchas veces vocacionales; ¿es esa la razón de estas diferencias de opinión respecto a la intencionalidad de los miembros? O sea, ¿debemos asumir que, pese a que las empresas pagan a sus trabajadores, es normal que reciban a cambio un menor compromiso por parte de ellos?, ¿se debe concluir que el trabajo no es voluntario y que las personas acuden por obligación a cambio de un salario y no se puede esperar otra cosa de ellos, bajo dicha perspectiva mercantilista?

Es esencial que las personas también disfruten de su trabajo, que acudan a las oficinas, a las fábricas, a destacar, a meter goles, a conseguir cosas inimaginables. Pero eso solo ocurrirá, en mi opinión, si sienten la empresa como algo propio, y eso solo ocurrirá cuando empiecen a tomar decisiones por sí mismos y a afrontar retos personales y grupales por un objetivo que merezca la pena.

Los colaboradores NO SON ladrones

En la misma línea de pensamiento, las creencias que se proyectan sobre los demás tienden a confirmarse. Si desconfiamos de las personas y les ponemos cerrojos y restricciones, es posible que vean incluso razonable aprovecharse de un descuido. Al fin y al cabo, si se toman esas medidas es porque se está asumiendo que abusar de los recursos y robar es, en cierta forma, lo esperable y, por tanto, lo normal.

Nada garantiza, no obstante, que, con una política confiada no vaya a haber algún caso de abuso por parte de alguna persona. En todo caso, quien se aproveche de la confianza depositada en el equipo y perjudique intencionadamente a la empresa (y, en definitiva, al propio equipo) debe saber que se está jugando su puesto. No hay que confundir este cambio de paradigmas con una licencia para la anarquía.

Más bien al contrario, este enfoque es una manera de inocular responsabilidad, conciencia y compromiso a cada uno de los miembros del equipo y abusar de esto es trasladar un mensaje claro sobre su disposición a aprovecharse, lo que debe considerarse inaceptable.

Quien trate de beneficiarse, robando o haciendo un mal uso de los recursos comunes, no se verá ya como un heroico Robin Hood, capaz de aprovecharse astutamente del despiadado y abusivo patrón, sino que estará robando, perjudicando y faltando al respeto a todos los que con esfuerzo y pasión están trabajando por un propósito en el que creen. Recordemos que se trata de implementar un sistema de hiperresponsabilidad. Si se adoptan con convicción los principios que aquí sugiero, los equipos pueden convertirse en defensores de los objetivos, y también de los recursos de la empresa.

Claves del capítulo y conclusiones prácticas

El proceso de empoderamiento de los equipos implica romper muchas creencias en el imaginario de las personas.

- Las personas son fiables, y, por lo tanto, es posible delegarles autoridad. Conviene maximizar la retroalimentación en los equipos en detrimento de la supervisión.

- Los colaboradores ni son vagos ni son tontos. En lugar de definir sus tareas y establecer premios por la realización de funciones específicas, se les puede otorgar autonomía para que alcancen sus objetivos de la manera en que ellos estimen óptima.

- Las personas quieren aprender y mejorar. Si se implican en los objetivos de la empresa, las personas pueden decidir sobre iniciativas de formación que tal vez se salgan de lo esperado, pero que les interesen. Tal vez se inicien así nuevas oportunidades y capacidades en el equipo.

- No hay porqué pensar que las personas van a robar los recursos de la empresa. Desde luego, puede que esto ocurra, pero si las personas están completamente implicadas con la empresa y sus objetivos, los propios equipos velarán por sus recursos.

CAPÍTULO 13

El proceso de empoderamiento

Creo haber aportado una extensa lista de razones que justifican la necesidad de empoderar a los equipos, de lo que se deduce que los responsables de equipo son las figuras clave, porque ellos son los únicos capaces de delegar la autoridad en los miembros de su equipo. También he tratado de identificar algunas creencias y actitudes contraproducentes. Es hora de ver cómo se puede realizar un proceso de empoderamiento de manera estructurada, de forma que se pueda ejercer con confianza.

El empoderamiento

Lo que vamos a hacer a continuación es determinar la manera en que cada uno de los líderes puede realizar un proceso de delegación efectivo en sus equipos. Para ello, conviene recordar cuál es el tipo de rol que deben desempeñar. Frente a la perspectiva tradicional, en la que los líderes coordinan, organizan el trabajo y dan instrucciones, los responsables deben comportarse ahora como entrenadores de fútbol: su función tiene más que ver con asegurarse una buena política de fichajes, decidir la alineación, apoyar a las personas en su desarrollo, asesorarles, etc. En definitiva, asegurarse de que el equipo está preparado para marcar goles por sí solo.

Para determinar la alineación idónea, el líder deberá recopilar el conjunto de objetivos y tareas de su equipo. Es necesario enfocar el proceso con una visión de conjunto. En consecuencia, el ejercicio que te sugerí en el capítulo 4 es un buen comienzo.

En la tabla 2 identificamos el conjunto de funciones relacionadas con el equipo, y quién es el propietario de dichas funciones, es decir, quién toma las decisiones en esos ámbitos. Cumplimenta esta tabla incluyendo funciones adicionales si son relevantes en el funcionamiento de tu equipo, por ejemplo: dirección de proyectos, supervisión, elaboración de informes, presentaciones a clientes, desarrollo e implementación de mejoras, etc. Sé exhaustivo, e incluye las actividades que desempeña el equipo, pero también aquellas en las que podría ser más activo, como actividades de innovación, participación en el desarrollo del negocio, comunicación interna y externa, etc.

Es importante incidir en la necesidad de contrastar la información. No se trata de determinar quién creemos nosotros, *a priori*, que está tomando las decisiones. Ya comenté de qué manera este tema puede ser engañoso. El organigrama teórico no nos va a dar las claves. Invierte un tiempo en tirar del hilo. Empieza preguntando a tu equipo. Trata de determinar quién y cómo se toman las decisiones, cuál es el procedimiento y cuánto tiempo se demoran.

FUNCIONES	*STAFF* Y ESTRUCTURA	DIRECTOR 2	DIRECTOR 1	LÍDER DE EQUIPO	EQUIPO
Estrategia y operaciones					
Organización del trabajo			Interviene	X	
Definición de estrategias y objetivos del equipo		X			
Implementación de mejora de procesos e innovación			X		
Aprobación de viajes y gastos			X		
Decisión sobre inversiones, equipos y materiales	Dirección superior	X			
Comercial y ventas					
Autorización de ofertas y presupuestos			X	Participa	
Gestión de clientes		X			
Actividades comerciales y de desarrollo de negocio	Ventas	X			
Especificaciones y negociaciones de venta	Ventas	X			
Recursos humanos					
Atracción, evaluación y contratación de talento	RRHH				
Resolución de conflictos internos			Casos graves	Primera-mente	
Despido y sustitución de miembros del equipo	RRHH	X	Sugiere		
Evaluación del desempeño de los miembros			X		
Políticas y asignaciones de bonos y revisiones salariales	Políticas de RRHH	Asigna-ciones			
Decisiones sobre vacaciones, horarios, descansos			X		
Capacitación de los miembros del equipo	RRHH		Sugiere		
Otros					
Actividades de marketing	Marketing				
Administración general de gastos	Adminis-tración				
Organización de viajes y reservas	Adminis-tración			Participa	

Tabla 3. Ejemplo sobre la distribución de autoridad

Con este ejercicio podemos empezar a perfilar una hoja de ruta. Es obvio que solamente podrás delegar autoridad sobre los asuntos sobre los que la tengas. Difícilmente podrás hacerlo sobre alguno otro.

Identifica qué aspectos son delegables, es decir, qué aspectos sobre los que ejerces autoridad pueden ser trasladados a las personas del equipo. Puedes también evaluar si tus superiores estarían dispuestos a participar también del proceso de delegación. No lo descartes. Ahora cuentas con un buen número de justificaciones y motivos, y has construido una imagen sobre la operación de tu equipo que puede servir para argumentar sobre las posibles mejoras. Por ejemplo, imaginemos que tu equipo o tú sois capaces de elaborar una oferta en uno o dos días, pero el proceso de autorización se demora tal vez más de una semana. Habría aquí un potencial significativo de mejora.

Otro ejemplo al que se enfrentan la práctica totalidad de los equipos tiene que ver con el reclutamiento. Es probable que, ante la necesidad de incorporar nuevos refuerzos al equipo, hayas experimentado cómo los procesos de reclutamiento se dilatan, a veces durante meses. Los equipos muchas veces se resignan a esperar una solución que no llega, cuando podrían ser mucho más activos en la búsqueda de talento, principalmente a través de sus redes de contactos. En más de una ocasión me ha ocurrido que, tras buscar un perfil durante semanas, he encontrado a las personas idóneas a través del equipo. No es en absoluto descabellado, según mi experiencia, hacer más protagonista al equipo en todas las fases de reclutamiento: búsqueda de talento, cualificación de los candidatos y *onboarding*.

Hay un montón de oportunidades en las que el equipo puede colaborar con agilidad en la solución de los problemas operativos; ahora estamos poniéndolo de manifiesto. Recuerda para qué estamos haciendo todo esto. Buscamos respuestas ágiles en un entorno cambiante; pretendemos maximizar el número y la calidad de las decisiones. Este ejercicio, por tanto, además de servir como una primera etapa del proceso de empoderamiento, nos está haciendo más conscientes de cuál es la operación de la empresa; nos está otorgando una visión de conjunto, de la que tal vez muy pocas personas en la empresa sean conscientes. De repente, con esta iniciativa relativamente sencilla estás asomándote por encima del muro —explorando qué hay más allá del silo en el que la organización te ha colocado— y contemplando la empresa con visión de conjunto. Ni qué decir tiene que este ejercicio puede ser tanto o más interesante cuanto más alto te encuentres en la jerarquía de la organización; ¿crees que te puedes llevar alguna sorpresa?

Siguientes pasos

Con el ejercicio propuesto deberemos ser capaces de identificar un buen número de funciones u objetivos sobre los que delegar la autoridad en el equipo. Lo que vamos a hacer es asignar estas funciones a personas concretas. Esto implicará, una vez más, permitir que las personas que designemos puedan decidir sobre esa función.

Delegar autoridad es un tipo particular de decisión, que ejercen los responsables y que tiene gran relevancia. Este tipo de cosas no se reflexiona ampliamente en las empresas, porque normalmente hacemos este tipo de juicios intuitivamente, sin un profundo análisis. En esto creo que debemos ser cuidadosos, afrontar con humildad nuestra propia falibilidad y asegurarnos de tomar las decisiones más racionales. Acertar con las personas idóneas para conseguir objetivos importantes puede marcar toda la diferencia en tu empresa.

Debemos evitar caer, por tanto, en sesgos y prejuicios, y tomar estas decisiones de la manera más objetiva posible; y esto requiere tiempo y esfuerzo. Como Daniel Kahneman, premio Nobel de Economía, expone en su celebrado libro *Pensar rápido, pensar despacio*, los seres humanos utilizamos dos sistemas distintos para la toma de decisiones. El primer sistema es rápido, intuitivo, emocional e inconsciente. Es capaz de darnos respuestas muy rápidas aun con pocas evidencias, y de convencernos de que son las idóneas. Este sistema es eficaz para transitar un mundo complejo y acelerado sin quedarnos paralizados en la indecisión, pero, por otro lado, está sujeto a múltiples sesgos y prejuicios. Este es el sistema que nos lleva a tener certezas absolutas sobre temas que no dominamos, y que hace que, en un mundo cada vez más ininteligible, las personas se agarren a respuestas cada vez más fáciles, y, muchas veces, radicales. Es el sistema, en definitiva, que dopa de atrevimiento a la ignorancia.

Por otro lado, el segundo sistema es racional. Es más lento y consciente, e implica analizar la información disponible, y contrastarla para soslayar los posibles sesgos cognitivos.

Creo que por lo que se refiere a la gestión de equipos en las empresas, los líderes se dejan llevar mucho por el sistema más intuitivo; no obstante, dejar espacio al segundo sistema es fundamental.

Para que sea nuestro sistema racional el que prevalezca en el proceso de empoderamiento, nos detendremos en los próximos capítulos a analizar dos aspectos importantes:

- **qué tipos de decisiones existen, y**
- **qué hace que una persona sea buena para la toma de decisiones**.

Claves del capítulo y conclusiones prácticas

- Recopila el conjunto de funciones relevantes para tu equipo, y quién decide sobre ellas. Este es el primer paso para un proceso de empoderamiento.

- No tomes este ejercicio a la ligera. Tómate tu tiempo para entender cómo son las dinámicas reales en el equipo y quién está tomando efectivamente las decisiones. Evalúa también el tiempo de duración de los procesos y en qué parte se demoran, en caso de que lo hagan.

CAPÍTULO 14

No todas las decisiones son iguales

Estamos viendo cómo delegar autoridad en las personas, pero no es lo mismo estar al volante de un coche durante un viaje, que ser el encargado de elegir la emisora de radio o de controlar el climatizador. No todas las decisiones son iguales. En este sentido, es útil clasificar las decisiones en función de dos parámetros fundamentales: **su complejidad y su relevancia**.

Complejidad

En relación con la complejidad, cabe tener en cuenta el alcance de la decisión, su interdisciplinariedad y el número de pasos o decisiones intermedias de menor nivel que involucra el aspecto que se está considerando. Si la decisión involucra muchos pasos intermedios, ¿no convendrá disgregarla? Por ejemplo, imagina una empresa que quiere implantar un nuevo *software* de tipo ERP.

ERP significa *Enterprise Resource Planning*, (sistema de planificación de recursos empresariales). Estos programas son sistemas integrados de gestión que se hacen cargo de la mayoría de los procesos internos de una empresa, desde la parte comercial y la gestión de pedidos hasta la producción y distribución, pasando por los recursos humanos.

El director general de la empresa, consciente de la complejidad de la decisión de implantar un nuevo ERP, decide crear un comité formado por miembros de las distintas áreas, además de los técnicos de sistemas. Tras reflexionar sobre las personas que pueden contribuir, se define un comité de 18 personas. ¿Crees que ese comité será eficiente? ¿Qué puede hacer el director general para asegurar que el proceso sea más ágil y efectivo?

En realidad, la implantación de un *software* ERP no es una decisión, sino docenas de ellas: análisis y definición de objetivos, análisis de características técnicas, estudio de alternativas comerciales y selección de las óptimas, pasos para la implementación, prioridades, etc. El proyecto se puede ir alcanzando por partes, en pequeños pasos, y probablemente no es eficiente que todo el mundo esté involucrado en todo. Estas son algunas de las partes en las que se puede dividir el problema:

1. Las prioridades más acuciantes para la empresa:

    a. ¿Cuál es el objetivo principal que se desea alcanzar: eficacia operativa, mejor gestión comercial, calidad?

    b. ¿Qué conviene optimizar antes: la producción, la logística, las ventas, la calidad, el servicio posventa?

2. Las alternativas de paquetes de *software* comerciales disponibles en el mercado.

3. Las características de dichos sistemas:

    a. Características

    b. Asesoramiento y acompañamiento durante la implantación

    c. Servicio posventa

    d. Casos de éxito comprobables

    e. Precio

4. La implantación del *software*:

    a. Implantación por áreas operativas

    b. Integraciones entre áreas

    c. Resolución de problemas

Tras analizar los aspectos anteriores, y tal vez algún otro, se puede adquirir el *software*, que se puede implantar por partes, empezando por las prioritarias. Para cada uno de los pasos de adquisición e implantación del *software*, puede haber un responsable, o puede ser el mismo para todo el proceso; en todo caso, cada decisión ya no necesariamente deberá involucrar a un equipo tan grande. Es importante, en consecuencia, que evaluemos, en primer lugar, el número de pasos o etapas de la decisión. No conviene emprender objetivos demasiado ambiciosos de golpe. Recuerda que, especialmente si se trata de procesos de mejora o innovación, es importante que estos se realicen paso a paso, planteando pequeñas metas graduales.

Una vez nos hayamos asegurado de entender bien las etapas del proceso, los otros aspectos importantes a considerar son el alcance de la decisión y su interdisciplinariedad. Si la decisión involucra o influye sobre distintas áreas de la empresa es conveniente que todas ellas estén representadas y den su punto de vista. La decisión de implementación de un nuevo *software* puede afectar a todas las áreas de la empresa. Aunque podamos segregar el problema y abordarlo por partes, al final del proceso todas ellas deberían haber colaborado al menos en aquellas decisiones que les sean relevantes. De manera similar, si se trata de una decisión técnica que involucra distintos campos del saber, se deberá contar con expertos de las distintas disciplinas.

Relevancia

Decisiones relevantes son aquellas que involucran un elevado presupuesto o que pueden tener influencia sobre la ventaja competitiva, la eficacia operativa o la reputación de la empresa. ¿Puede una persona, a la que se ha dado autoridad sobre un tema, decidir sobre los presupuestos necesarios para acometer su función? ¿Debe haber algún límite?

Lo que está claro es que la persona que requiera un presupuesto significativo (qué se considera significativo dependerá de la empresa, sus políticas y la posición de la persona) deberá, en todo caso, por la relevancia de la decisión, consultar a más personas. Si el presupuesto es elevado, probablemente la decisión se escalará naturalmente dentro de la jerarquía de tu empresa. Lo mismo se aplicará a decisiones que puedan tener repercusión sobre su eficacia operativa, su ventaja competitiva o su reputación.

La **eficacia operativa** es el conjunto de procedimientos y de maneras propias con las que una empresa produce y entrega sus productos y servicios. Todas las empresas buscan optimizar su eficiencia, tratando de emplear los mínimos recursos humanos y materiales en la generación de valor para sus clientes.

La **ventaja competitiva** se compone de aquellos aspectos diferenciales que hacen que una empresa pueda destacar o al menos perdurar en mercado; principalmente su reputación, la imagen de marca, la calidad o, en una estrategia de precios, su capacidad para mantener una estructura de costes inferior a la de competencia.

Aspectos relevantes son, por lo tanto, cambios en los procesos, especificaciones de producto, cambios de proveedores, modificación de las políticas de venta, cambios en las estrategias de marketing, etc. En definitiva, decisiones que puedan tener un impacto significativo sobre estos aspectos estratégicos deberán tener una consideración especial.

Manos a la obra

En el capítulo anterior traté de identificar las funciones susceptibles de ser delegadas al equipo. Ahora hemos identificado dos parámetros que nos pueden ayudar a clasificarlas mejor, lo que será útil, posteriormente, para decidir quiénes pueden ser las personas idóneas para gestionarlas.

Te propongo, por tanto, que evaluemos la relevancia y complejidad de cada uno de los asuntos que vamos a dejar en manos del equipo. Para evaluar relevancia y complejidad, podemos usar una escala cualitativa (alta, media o baja) o numérica. Incluyo, a continuación, una pequeña muestra para algunas funciones generales, pero tu apreciación puede variar para tu empresa y para tu equipo:

FUNCIÓN	RELEVANCIA	COMPLEJIDAD
Coordinación de proyectos	Media-alta	Media-alta
Gestión de clientes	Alta	Media
Autorización de ofertas y presupuestos	Alta	Media-baja
Optimización de un proceso concreto	Media-baja	Alta
Elaboración de contenidos para marketing	Baja	Media
Completar para el resto de las funciones a delegar...		

Tabla 4. Clasifica las funciones que se van a delegar en función de su relevancia y complejidad

La clasificación en la tabla 4 nos ayudará a tener una mayor comprensión sobre los retos que afrontará el equipo empoderado. Estas funciones se podrían organizar gráficamente, de la siguiente manera:

Ilustración 6. Muestra de clasificación de funciones en función de su relevancia y complejidad

Ahora bien, ¿cuáles son las implicaciones de esta clasificación? ¿Se requieren distintas habilidades o conocimientos para afrontar las decisiones en función de estos dos parámetros? Lógicamente, las decisiones relevantes ameritan más tiempo, una mayor perspectiva y mayor reflexión. Es posible que para este tipo de decisiones queramos contar con personas con una mayor experiencia, con un mejor entendimiento del negocio y conocimientos más amplios. **Para este tipo de decisiones es importante tener en cuenta, en consecuencia, la capacitación, experiencia y actitud del colaborador.**

Por otro lado, **las decisiones sobre asuntos complejos deben tener en consideración la motivación del candidato.** Sin la debida motivación, la persona al cargo puede caer en el riesgo de simplificar el problema y tratar de buscar el camino rápido sin el debido análisis y esfuerzo. Aun cuando la decisión no sea aparentemente relevante, o incluso con más razón en este caso, la motivación será esencial para poder afrontar el problema en su complejidad.

Tengamos también en cuenta que un asunto que hoy no es relevante puede ser, sin embargo, fundamental para nuestra competitividad futura. Por ejemplo ¿cuál es la relevancia de desarrollar una nueva línea de negocio para la empresa? Podría considerarse que no es necesariamente alta porque la empresa ha perdurado y prosperado en el pasado sin ella, no obstante, podría convertirse en vital para la rentabilidad de la empresa en el futuro.

En definitiva, **en este tipo de decisiones complejas, la motivación es esencial**. La capacitación, no obstante, tal vez no sea tan relevante, ya que hay tiempo para que los candidatos aprendan, investiguen y se desarrollen.

La siguiente ilustración resume las características fundamentales que se requieren para cada una de las funciones que deseemos delegar.

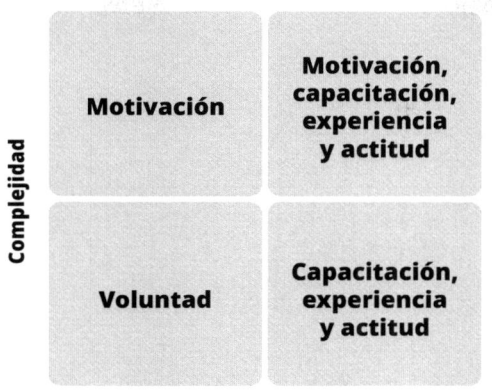

Ilustración 7. Actitudes y habilidades requeridas para los distintos tipos de decisiones, según su complejidad y relevancia

En resumen, para decisiones poco relevantes, el principal elemento es la motivación. Son decisiones que, especialmente si su relevancia es relativa, solo se acometerán con eficacia si la persona encargada encuentra una especial motivación para llevarlas a cabo. Ahora bien, para los aspectos relevantes, el análisis se vuelve un poco más peliagudo. Podría haber candidatos con una gran disposición, pero a los que tal vez aún falte la experiencia suficiente. Debemos encontrar a aquellas personas con motivación, pero también con otros rasgos. Esto nos obliga a profundizar en nuestro conocimiento del equipo. No todas las personas son iguales, y, sin duda, algunas serán mejores para unas funciones que otras. Veamos cómo cuadrar las piezas del puzle.

Claves del capítulo y conclusiones prácticas

- Los tipos de decisiones en la empresa pueden clasificarse en función de dos parámetros fundamentales: su relevancia y su complejidad.

- Esta clasificación en base a relevancia y complejidad nos dará pistas sobre las características y la disposición que debemos buscar en las personas que vayan a hacerse cargo de cada responsabilidad concreta.

CAPÍTULO 15
Todos somos distintos

Hemos identificado una serie de funciones susceptibles de ser delegadas al equipo, y hemos ponderado su relevancia y su complejidad. También hemos concluido que las decisiones relevantes pueden requerir, además de motivación, experiencia, capacidad analítica, conocimientos técnicos y visión de conjunto.

Nuestro objetivo en el proceso de empoderamiento es otorgar la responsabilidad, y con ella la autoridad, sobre un asunto concreto a una determinada persona del equipo. Esta es una decisión relevante en sí misma y requiere, por tanto, reflexión y análisis. Esto nos obliga a profundizar en el conocimiento de nuestro equipo para ser capaces de interpretar las características y rasgos diferenciales de cada uno de sus miembros. En esta parte del proceso, que es especialmente emocional, correremos más riesgos de dejarnos llevar por nuestros sesgos y prejuicios. Si llevas un tiempo trabajando con tu equipo, es muy probable que tengas opiniones muy formadas respecto de cada miembro de tu equipo. Te animo, no obstante, a revisar tus creencias de una manera más pormenorizada.

Veamos, antes de nada, qué aspectos contribuyen a que una persona tome una decisión óptima en una determinada circunstancia. Listo a continuación los esenciales:

- Que disponga de un entendimiento amplio del asunto y de las repercusiones de la decisión.

- Que esté próxima al asunto y pueda tener rápida retroalimentación de los efectos de la decisión.

- Que tenga capacidad de escucha y humildad para considerar las opiniones y puntos de vista de otros.

- Que tenga un historial de buenas decisiones: decisiones sensatas, pero que además hayan tendido a primar el beneficio común sobre el individual. Cabe considerar, en este punto, la ética de la persona.

- Que, en general, se trate de una persona reflexiva y analítica, que considere todas las alternativas y tenga capacidad de recopilar la información antes de tomar decisiones impulsivas.

- Que pueda disponer de toda la información relevante para la toma de las decisiones que se le van a encargar.

- Que tenga motivación por el asunto o proyecto que se le encarga, y ganas de aprender y desarrollarse en esa área.

Manos a la obra

Algunos de los aspectos señalados anteriormente, y que se requieren para tomar buenas decisiones, son específicos de la función o actividad para la que se vaya a tomar la decisión (entendimiento del asunto, disponibilidad de información, conocimiento técnico), pero otros tienen más que ver con rasgos individuales: humildad, experiencia general, capacidad analítica, motivación.

Será necesario tener en cuenta todos los aspectos, pero un primer análisis de los rasgos personales puede ayudarnos a tener una visión más general sobre nuestros recursos y capacidades como equipo, y los retos que afrontamos.

En consecuencia, te propongo un nuevo ejercicio. Construye una tabla descriptiva incluyendo las características de cada uno de los miembros del equipo. Si te resulta de utilidad, puedes poner alguna apreciación cuantitativa, para ponderar cada aspecto, pero se trata de reflexionar, no tanto de sacar una puntuación definitiva. Tampoco importa si no sabes juzgar algún aspecto y quieres dejar alguna columna en blanco. Cada elemento en blanco es una oportunidad para la reflexión y el análisis. Trata, simplemente, de acumular tanta información y tan objetiva como sea posible.

CANDIDATO/A	EXPERIENCIA	HISTORIAL DE DECISIONES (ÉTICA)	CARÁCTER Y DISPOSICIÓN REFLEXIVA	MOTIVACIÓN	APRENDIZAJE
Miembro 1					
Miembro 2					
Miembro 3					
...					

Tabla 5. Evalúa las características de los candidatos

Esta tabla no debe ser definitiva. No debe quedar escrita en piedra, ni ser el pilar inamovible al que amarrar nuestras creencias. Luego veremos cómo podremos revisar estas primeras conclusiones. En todo caso, utiliza esto como una primera orientación.

Si conoces bien a tu equipo, sus capacidades y los puntos fuertes y debilidades de cada persona, tal vez puedas hacer este ejercicio encerrado en tu despacho, pero conviene tener en cuenta las opiniones de otras personas, y principalmente de las personas del propio equipo.

La idea de preguntar a los miembros del equipo sobre sus compañeros puede parecer extraña, pero en realidad no tiene por qué ser problemática. Existe una manera positiva de obtener bastante información en conversaciones individuales, y sin poner en evidencia a nadie ni forzar al entrevistado. Basta con no personalizar las preguntas, y formularlas en positivo. Por ejemplo, en entrevistas individuales, puedes preguntar a cada persona del equipo:

- ¿A quién acudes cuando no sabes cómo resolver un problema?
- ¿Quiénes son las personas del equipo con más experiencia?
- ¿En quién confiarías más, de entre las personas del equipo, para afrontar problemas desconocidos?

Una vez surjan nombres no será difícil indagar un poco más sobre las características y actitudes de esas personas. Estamos hablando sobre rasgos positivos, y la persona entrevistada ha propuesto los nombres, por lo que, en mi experiencia, estas conversaciones suelen ser fluidas y amenas:

- Dices que acudes a Juan cuando tienes dudas; ¿qué tipo de consejos suele darte?
- ¿Dirías que es él quien tiene una visión más general del negocio?
- ¿Juan argumenta sus consejos?
- Pero Alfredo tiene más experiencia en estos aspectos, ¿no?

Conversando de esta manera con los miembros del equipo, no te será nada difícil cumplimentar la tabla anterior, y vas a acabar con un cuadro mucho más detallado y colorido del que podrías dibujar unilateralmente.

Sé que esto puede sonar complicado, pero sin duda es infinitamente mejor que la alternativa: no analizar, no preguntar y dejarte guiar solo por tus impresiones.

Veamos la utilidad de todo esto. Cuando hayas terminado de cumplimentar la tabla, se puede parecer a algo como lo siguiente:

CANDIDATO	EXPERIENCIA	HISTORIAL DE DECISIONES (ÉTICA)	CARÁCTER Y DISPOSICIÓN REFLEXIVA	HUMILDAD Y TRABAJO EN EQUIPO	APRENDIZAJE
Luke Skywalker	Es joven, pero ya ha demostrado capacidad para afrontar retos.	Ética incuestionable. En ocasiones ha sido impulsivo y ha infravalorado los riesgos	Se esfuerza con la reflexión y la lógica, pero a veces es impulsivo	Escucha y trabaja bien en equipo, aunque también es impulsivo, y toma sus propias decisiones	Hay que darle oportunidades para que se convierta en un auténtico maestro
Han Solo	Tiene una experiencia rica y variada	Puede tomar decisiones egoístas, salvo que la «misión» merezca la pena. Importante evaluar motivación	Es impulsivo y a veces egocéntrico. Puede tender al individualismo.	Es bastante egocéntrico, pero con su grupo de confianza puede trabajar bien en equipo	Solo aprenderá si él quiere hacerlo. Fundamental, evaluar su disposición
Princesa Leia	Experiencia, capacidad de liderazgo y comunicación	Ética intachable. Siempre busca las mejores soluciones con visión de conjunto	Es reflexiva y analítica, pero también está dispuesta a implicarse y entrar en acción cuando es necesario	Es capaz de escuchar al equipo, pero también asume el liderazgo, si es necesario	Muestra curiosidad y ganas de seguir aprendiendo
Chewbacca	Tiene una experiencia rica y variada	Ética incuestionable, pero prefiere que las decisiones las tomen otros.	Es más dado a la acción que a la reflexión. Prefiere que le digan qué hacer	Siempre muestra disposición. Gran lealtad hacia el equipo	Puede aprender lo que sea, si se tiene paciencia con él y se le acompaña
Darth Vader	Mucha experiencia	Tiende a pensar en su propio interés. Tiene habilidades de liderazgo, pero lo ejerce en su propio beneficio. No trabaja en equipo	Es reflexivo y analítico	Le falta humildad. No trabaja en equipo. El equipo es un recurso para conseguir sus objetivos	En realidad, no cree que deba aprender mucho más. Domina su área, y lo considera suficiente.

Tabla 6. Ejemplo de evaluación de los miembros del equipo

Esta tabla nos acerca más a la solución que estábamos buscando. Retoma la ilustración 6. ¿En qué cuadrante situarías a cada una de las personas de tu equipo?

Ilustración 8. Colaboradores y decisiones organizados en función de la complejidad y relevancia de las funciones

Observando la ilustración 8, nuestra tarea de determinar las personas idóneas para cada función va pareciendo más fácil. No obstante, todavía cabe hacer algunas consideraciones.

Hay personas en las que no deberemos delegar ninguna función

Habrá personas que tal vez no tengan todavía la debida experiencia y conocimientos. El proceso ideal sería ir otorgándoles funciones de baja relevancia y, tal vez, creciente complejidad, que les permitan ir formándose, desarrollando confianza y entrenándose en el proceso de toma de decisiones. Este no es el caso de Darth Vader, a quien hemos representado en la parte inferior-izquierda en nuestro ejemplo anterior. Tal y como lo hemos descrito, esta persona tiene experiencia y conocimientos. Quizá sea experta en su área. Su problema es el que identificamos en el capítulo 8. Se encuentra probablemente en un estadio de desafección. No desea desarrollarse más, ni salir de su zona de confort. Tampoco pretende mejorar el desempeño de la empresa o el equipo, tal vez incluso, al contrario, guarde resentimiento. Sus decisiones son esencialmente egoístas y oportunistas; trata de manejar las situaciones en su propio beneficio. Por su experiencia y conocimientos puede que sea respetado, y es muy posible que ejerza liderazgo sobre una parte del equipo, o en sus áreas de especialización; sin embargo, pese a sus conocimientos, su contribución puede ser contraproducente si sus intenciones son negativas.

Estas personas en estado de desafección no van vestidas de negro y regurgitando odio a cada paso. En su trato pueden ser amables. La disposición de las personas no debe confundirse con su carácter. Estas personas pueden parecerse más bien al mafioso carismático, elegante y encantador, que te ofrece una copa mientras calcula cómo liquidarte. Es por ello que identificar a estas personas no siempre es sencillo en los equipos. Precisamente, la labor del equipo es esencial para desenmascararlos. Para los líderes de equipo tiende a ser más difícil, porque lo que ven en primera instancia es su seguridad, su experiencia y sus conocimientos técnicos, pero no tanto las dinámicas ejercidas dentro del equipo en su día a día. Como ya hemos comentado, algunas personas oportunistas son muy hábiles para mantener una doble cara. Se presentan dóciles y aparentemente constructivos frente a sus superiores, pero manipuladores y conflictivos con sus compañeros. A los jefes pueden llegar a engañarlos, pero difícilmente confundirán a los equipos. A estos no los pueden engañar, ya que son los que padecen sus artimañas por aprovecharse de cada situación.

Es importante, por otro lado, distinguir a las personas en desafección de otro tipo de colaborador común en los equipos: los **genios aberrantes**. Los genios aberrantes son brillantes pero de trato difícil. No obstante, a diferencia de las personas en estadio de desafección, no tratan de perjudicar al equipo o la empresa. Normalmente tienen las mejores intenciones, pero les cuesta ser diplomáticos cuando las cosas les parecen irracionales; pueden resultar entonces ariscos y agresivos, y tratan de imponer su visión de las cosas de manera unilateral y sentenciosa. Su comportamiento puede generar problemas de incomunicación y fomentar la creación de bandos en los equipos. Los genios aberrantes pueden ejercer, no obstante, una labor importante, ya que son capaces de aportar la retroalimentación que otros simplemente callan, o desconocen. Por otro lado, estos genios no son necesariamente malos líderes de equipo. Tal vez apadrinen a sus colaboradores y les ayuden a crecer y formarse, ejerciendo con ellos la paciencia que son incapaces de mostrar ante pares o superiores. Por tanto, no son necesariamente malos líderes de equipo, pero odian la política, y eso hace que adolezcan de habilidades diplomáticas y lleguen a ser muy difíciles de trato. En una famosa charla TED, Adam Grant (un reconocido autor de psicología organizacional), compara este tipo de perfiles con el personaje del Dr. House, en la serie televisiva del mismo nombre.

La principal diferencia con el perfil representado por la figura de Darth Vader es la tendencia al oportunismo o al altruismo. Si los primeros buscan beneficiarse de las situaciones, los genios aberrantes, en realidad, solo buscan hacer lo que consideran lógico y adecuado, aunque para ello deban enfrentarse al mismísimo diablo. En realidad, su comportamiento es altruista, porque están dispuestos a exponerse como nadie más lo hace por el bien común, o, al menos, por lo que ellos consideran justo.

¿Cómo afrontar estos casos? Me he detenido a comentar brevemente estos dos tipos de perfiles (el de los desafectos oportunistas y el de los genios aberrantes) por ser bastante comunes y tratarse de casos específicos pero con potencial para impactar significativamente en el desempeño del equipo. Puede haber, por supuesto, otros muchos casos. De hecho, en los equipos vamos a encontrar tantos casos distintos como miembros los componen. Las personas son complejas, pero realizar este análisis y entender las diferencias entre oportunismo y altruismo es esencial a la hora de tomar decisiones sobre las capacidades del equipo.

Teniendo todo en consideración, no se puede ser categórico respecto a qué hacer en cada caso, porque cada persona es diferente, pero sí es posible tener en cuenta algunas pautas generales:

- Las personas profundamente oportunistas, que no tengan ningún interés en participar de los objetivos del equipo o la empresa, lógicamente no deben tener autoridad delegada. No solo no conviene delegar en ellos ninguna auoridad, sino que, si identificamos claramente esta actitud, deberemos considerar sacarlas del equipo, ya que su influencia puede ser muy perniciosa, sea cual sea su posición.

- Los genios aberrantes son a veces complicados para sus superiores, pero buenos líderes de equipo. Si sus intenciones son buenas y sus equipos están satisfechos, el proceso de empoderamiento suele ser muy beneficioso. Estas personas lo recibirán con satisfacción, ya que eso les permitirá operar con mucha más agilidad y evitar la política y las numerosas explicaciones que consideran tediosas e irracionales. Como líder, tal vez estés harto de conducir infructuosas discusiones con este tipo de personas. Has intentado atarlas corto, pero no dan su brazo a torcer y son tozudas. Intenta, en este caso, la estrategia contraria: dales cuerda y, simplemente, pídeles resultados. Déjales hacer, y tal vez te sorprendan. Eso sí, asegúrate de que el equipo está conforme. No lo olvides: puedes preguntarles.

- Si bien los genios aberrantes pueden aportar grandes beneficios, también pueden ser perjudiciales; ¿dónde está el límite? Creo que el límite está en el equipo. Si mantener estos perfiles genera un malestar constante y dificulta la comunicación entre los miembros del equipo, por penoso que sea, probablemente convenga prescindir también de estas personas. Aquí lo importante es que, como responsables, debemos evaluar esto con humildad y objetividad, y separar nuestras emociones personales (tal vez los problemas que percibimos tienen que ver solo con la resistencia de la persona a plegarse a nuestra voluntad), del efecto real que está causando en el equipo.

En consecuencia, no hay que tomarse a la ligera el proceso de delegación. Exige un análisis concienzudo, muchas conversaciones, y también, como líder, un ejercicio interno de cuestionamiento de las propias creencias. Pero aún no hemos acabado: veamos un último paso.

Determinar los requerimientos específicos de cada tarea

Con el ejercicio de la tabla 6 hicimos una interesante aproximación, teniendo en cuenta algunas características generales de las personas, como ética, humildad, capacidad de trabajo en equipo o capacidad de análisis.

Estos son aspectos importantes para la toma de decisiones; no obstante, a la hora de asumir una función concreta es necesario tener en cuenta algunos aspectos específicos de esta como, por ejemplo, los conocimientos técnicos, la disponibilidad de información, la motivación para asumir esa función en concreto o las necesidades de aprendizaje que se van a requerir.

Puedes retomar ahora la lista de funciones que vas a delegar, y profundizar un poco en el análisis teniendo esto en consideración. Ten en cuenta que ahora, para cada función ya solo tendrás en consideración unos pocos candidatos.

Pongamos por caso que vamos a decidir posibles candidatos para la coordinación de un tipo de proyectos. Imaginemos que queremos seleccionar un capitán de escuadra de naves de combate. Tenemos ahora pocos candidatos. Por su relevancia, analizaremos las características de Luke Skywalker, la Princesa Leia, y Han Solo.

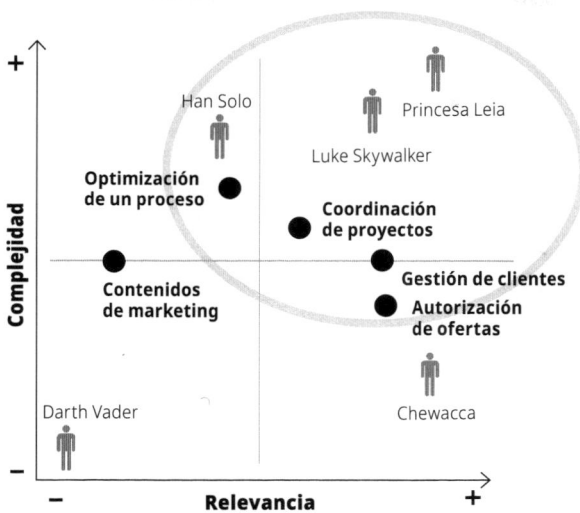

Ilustración 9. Posibles candidatos para liderar un proyecto

CANDIDATO	CONOCIMIENTOS TÉCNICOS	REQUERIMIENTOS DE INFORMACIÓN Y COMUNICACIÓN	TRABAJO EN EQUIPO	APRENDIZAJE
Luke Skywalker	Es un piloto extraordinario, y conoce profundamente la tecnología. Aúna intuición y capacidad de reacción, con un carácter analítico	Mantiene una comunicación muy buena con el resto del equipo. Ha participado en muchas misiones, y conoce los procedimientos	Es respetado por el resto del equipo, y mantiene una relación extraordinaria con todos	Es joven, pero ha demostrado múltiples aptitudes. Tal vez requiera algunos entrenamientos de estrategia, pero es bastante apto para liderar un equipo
Han Solo	Es un piloto extraordinario, pero le falta experiencia con las últimas tecnologías	No ha colaborado en muchos proyectos. Le falta entender bien los procedimientos para hacer que las cosas pasen	Mantiene buena relación con los otros miembros, pero es individualista, y tienda a ir por libre	Le faltaría entrenamiento en estrategia y liderazgo de equipos. Es fundamental verificar su motivación para el puesto
Princesa Leia	Le faltan conocimientos técnicos en pilotaje de naves de combate			

Tabla 7. Selección de coordinador de proyectos

Entrando a valorar los requerimientos para un determinado puesto, la lista de candidatos se estrecha aún más. Es evidente, por ejemplo, en el caso anterior, que la Princesa Leia, pese a sus capacidades de liderazgo, no puede liderar una escuadra de naves de combate, porque no es piloto.

Teniendo todo en consideración, las decisiones van tomando más sentido. En todo caso, hay un último aspecto fundamental que no podemos dejar de considerar: la motivación.

El último criterio: la motivación

Hemos hecho un detallado ejercicio para identificar a las personas más aptas para las funciones que queramos delegar y con ello estaremos muy cerca de conseguir nuestro objetivo. En todo caso, creo que la motivación para asumir una función requiere una consideración especial. Demos un paso atrás. Según vimos, la motivación es especialmente importante en decisiones no relevantes, y también cuando las decisiones son complejas.

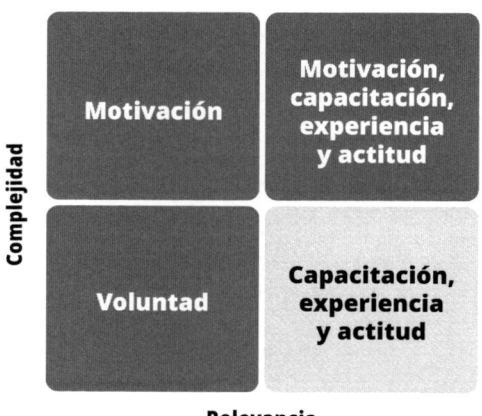

Ilustración 10. La motivación es especialmente importante en decisiones no relevantes pero complejas

Para decisiones que no sean muy relevantes (los dos cuadrantes de la izquierda de la ilustración 10), puede ser una buena estrategia pedir voluntarios. Al no tratarse de decisiones fundamentales, la motivación se convierte en el aspecto esencial. Con la debida motivación, aspectos como la capacitación o la experiencia pasan a un segundo plano, porque la persona buscará el tiempo para desarrollar la función. Puede, incluso, que su falta de experiencia sea beneficiosa, pues puede conducirle a contemplar otros caminos, al no estar condicionada por sus antecedentes.

Por otro lado, las funciones poco complejas y poco relevantes son una buena oportunidad para empezar a trasladar pequeñas responsabilidades (con la delegación de autoridad correspondiente) a los miembros más inexpertos del equipo. En este caso, podemos igualmente pedir voluntarios, o incluso proponérselo personalmente a algunos candidatos, asegurándonos de que su disposición realmente es sincera y que no se limitan a aceptar la función como un encargo que deben acometer sin más.

Ahora bien, cuando se trata de funciones relevantes es cuando hay que ser especialmente cuidadoso. Nuestro análisis anterior tal vez nos sugiera que hay unas pocas personas adecuadas para un determinado cargo, y puede que incluso estemos convencidos de la idoneidad de una persona específica, pero no debemos obviar la importancia de la motivación. Por mucho que en nuestra cabeza ya esté claro, una tarea compleja y relevante debe ser acometida con motivación. Debemos asegurarnos de que la persona asignada así la afronte.

Por lo tanto, deberemos hablar con los candidatos antes de asignarles una responsabilidad. Siempre aconsejo que esto se afronte de manera algo distinta a como se suele hacer habitualmente. No se trata de limitarse a convencer a la persona y transmitirle los muchos beneficios que le va a traer la nueva función. La motivación es intrínseca y no se puede transmitir. Por supuesto, se deben explicar bien los objetivos, el nivel de autonomía, los recursos de los que dispondría y la importancia de la misión, pero la respuesta debe ser lo más sincera y lo menos condicionada posible. Establece un diálogo y asegúrate de que entienda que una negativa por su parte no le va a perjudicar, como tampoco su aceptación le va a garantizar un ascenso. De esta manera, y tras el análisis realizado, estoy seguro de que vas a poder poner a un equipo campeón al frente de los mayores retos a nivel de equipo y de empresa.

Pero aún no hemos terminado. Si ya has empoderado ahora a una serie de personas, ¿significa esto que ya van a empezar a tomar decisiones de manera unilateral? ¿Estamos sustituyendo el viejo sistema jerárquico por otro igualmente individualista, pese a que la autoridad esté más distribuida?

Hemos visto como la humildad y la capacidad de las personas para escuchar y asumir otras opiniones es importante, luego la pregunta es: ¿deben a su vez los equipos participar en la toma de decisiones, o deberán ser las personas empoderadas completamente autónomas en su ámbito de responsabilidad?

Veremos a continuación que existen distintas maneras de tomar decisiones en las empresas, y propondremos un sistema que sea óptimo y ágil, en aras de alcanzar el objetivo que nos hemos propuesto: maximizar el número y la calidad de las decisiones en la empresa.

Claves del capítulo y conclusiones prácticas

- Las personas especialmente aptas para la toma de decisiones tienen las siguientes características: experiencia, conocimiento del tema, información, carácter analítico, ética, humildad, capacidad de trabajo en equipo y motivación.

- Algunas de las características anteriores son más personales y otras más específicas de la tarea.

- La motivación requiere una atención especial. Es especialmente relevante en decisiones complejas, tanto si son relevantes como si no.

- En general, trataremos de empoderar al mayor número de personas posibles del equipo, pero no necesariamente a todas:

  ○ Las personas que carezcan de la debida experiencia requerirán una supervisión especial. En cualquier caso, se les puede empezar a confiar funciones de baja relevancia y complejidad.

  ○ No se debería otorgar autoridad a las personas oportunistas y/o en estado de desafección.

  ○ Un caso especial es el de los *genios aberrantes*. Si hay personas altruistas pero de difícil trato, analiza cuál es su relación con el resto del equipo. Tal vez su problema se manifiesta hacia las figuras de autoridad, y esa es una buena oportunidad para decidir estrategias constructivas. No descartes otorgarles la autonomía que solicitan, siempre y cuando no sean un perjuicio para el equipo.

En este capítulo he insistido en la importancia de conocer lo más profundamente que puedas a los miembros de tu equipo y a analizar sus características; no obstante, debes evitar caer en el riesgo de categorizar a las personas. Este análisis es importante para trasladar responsabilidades importantes de manera reflexiva y racional, pero siempre que no te conduzca a encasillar a los individuos. Revisa regularmente las asunciones. No sustituyas, en base a este ejercicio, unas jerarquías inamovibles por otras igualmente rígidas. Ciertas personas van a parecer más aptas para casi cualquier tarea, pero no dejes de dar oportunidad al resto, aunque sea en temas de menor relevancia, porque tal vez acaben sorprendiéndote.

CAPÍTULO 16

La toma de decisiones por consejo

Hemos visto que existen personas con distintas características, y que la motivación, la capacidad de análisis o la experiencia son elementos importantes a la hora de afrontar diferentes tipos de decisiones. No obstante, hay decisiones complejas que requieren de una diversidad de conocimientos. Especialmente en estos casos es conveniente la participación de distintas personas, con diferentes perspectivas y experiencias. De hecho, en general creo que es conveniente la participación del equipo en la toma de decisiones. No se trata de sustituir la toma de decisiones unilateral y jerárquica por otra que sea más distribuida, pero igualmente unilateral.

Tipos de decisiones

En las empresas actuales se aplican distintos tipos de sistemas para la toma de decisiones: el sistema jerárquico es el más extendido, pero también hay otros, como la toma de decisiones democrática, por consenso, en base a algoritmos de inteligencia artificial, por eliminación de objeciones o por consejo. Voy a explicarme.

Algunos líderes modernos abogan por la democracia o el consenso, ya que sienten que, al ser los sistemas más opuestos al jerárquico tradicional deberían ser los mejores para superar muchos de sus inconvenientes. Personalmente opino que estos métodos están lejos de ser óptimos. La democracia y el consenso tienen una ventaja sobre el sistema tradicional y es que hacen partícipe a todo el equipo; se comparte más información y la toma de decisiones es más ecuánime al tener en consideración distintos puntos de vista. Sin embargo, estos métodos de toma de decisiones tienen una característica fundamental: diluyen la responsabilidad.

Cuando una decisión se toma entre todos, ya sea democráticamente o por consenso, nadie se siente propietario de la decisión. De esta manera, es difícil sacar adelante nuevas iniciativas y afrontar, por ejemplo, proyectos de mejora o innovación. Para ello se requieren personas dispuestas a involucrarse de manera más personal.

El sistema óptimo para la toma de decisiones debe ser capaz de conjugar dos características fundamentales:

a. Que haga partícipe al equipo.

b. Que no sea ambiguo. Esto implica que la autoridad y la responsabilidad de cada asunto deben recaer inequívocamente sobre una única persona.

Estas dos características pueden parecer contradictorias. El sistema jerárquico tradicional tiene la ventaja de que no es ambiguo, porque establece cuotas de responsabilidad para cada persona; sin embargo, no hace participe a los equipos. Los sistemas democráticos y de consenso cuentan con los equipos, pero son ambiguos. ¿Existe algún sistema capaz de conjugar estas dos características? ¿Cómo integrar la participación del equipo con una responsabilidad de toma de decisiones individual?

Dos de los sistemas que mencionamos anteriormente comparten estas características: la toma de decisiones *por eliminación de objeciones* y la toma de decisiones *por consejo*. De los dos, el primero es algo más complejo y requiere mayor entrenamiento, así como un replanteamiento más integral de la estructura organizacional. Si quieres saber más sobre este método, puedes aprenderlo en el libro *Holacracia, un nuevo sistema organizativo para un mundo en continuo cambio*, de Brian Robertson, pero no me voy a extender en él. Sí que lo voy a hacer en el sistema que te recomiendo: la toma de decisiones *por consejo*. Este sistema es especialmente recomendable en las primeras etapas de transformación de la empresa, por ser el sistema más inteligible y dinámico. Además, es fácil de implementar sin alterar esencialmente el organigrama inicial de la organización.

La toma de decisiones por consejo

De una u otra manera he ido sugiriendo a lo largo del libro algunas de las características de este sistema y sus implicaciones. Como he indicado, este proceso de toma de decisiones no es ambiguo, e implica, por tanto, concretar la responsabilidad y la autoridad de cada persona; es decir, empoderar a las personas.

En los capítulos anteriores vimos cómo realizar el proceso de empoderamiento de manera analítica. La delegación de autoridad a cada miembro del equipo es llevada a cabo por el líder, que es el responsable de dicha decisión de asignación, y que cederá completamente la autoridad sobre la función asignada. Dicho de otra manera, el líder decidirá qué personas asumirán ciertas funciones, pero no podrá decidir (aunque sí aconsejar) sobre los asuntos sobre los que ha asignado a un responsable. Esto es, recordemos, como el rol del entrenador en un partido de fútbol. Este puede meter y sacar personas del terreno de juego, pero son ellas quienes juegan y toman las decisiones en función de cómo se desarrolla el partido.

Una vez se asigna la autoridad a una persona concreta, esta podrá, por tanto, tomar la decisión final dentro de su espacio de actuación. Pero esta persona tendrá la **obligación** de consultar a todas las personas que puedan aportar algo en la decisión: compañeros de proyecto, especialistas en una tecnología o ámbito concreto que aplique, otros compañeros relacionados con el proyecto o cliente, otros compañeros cuyas funciones estén relacionadas (por ejemplo, administrativos, financieros, gestores de cuenta, etc.) y, por supuesto, también debe consultar con el responsable de equipo y sus superiores. Una vez consultadas todas las personas relacionadas, puede (debe) tomar la decisión.

Sea como sea, no se puede achacar al responsable haber tomado una mala decisión, porque lo importante es asegurarse de que se haya consultado a todas las personas involucradas o que puedan contribuir a una mejor evaluación. En otras palabras, es más importante pedir consejo que equivocarse o no en la decisión final.

Claves fundamentales del método o sistema de toma de decisiones por consejo

La solicitud de consejo es esencial en el funcionamiento efectivo del método, y debe ser asumida por todo el mundo, independientemente de su cargo. El proceso de solicitud de consejo es esencial para que la decisión sea efectivamente del equipo y que las personas que puedan aportar algo tengan la oportunidad de hacerlo. Teniendo todo en consideración, en resumen, hay que poner atención a los siguientes aspectos en la aplicación del método:

- Tras el proceso de consulta, la persona con autoridad es la que tomará la decisión. El sistema **obliga a consultar, no a asumir el consejo** de otros; ni siquiera el de los *jefes*. El principio de autoridad implica respetar este concepto, aun cuando no estemos de acuerdo con las decisiones.

- Si bien el responsable de una función puede tomar decisiones sobre esta, desoyendo los consejos de los demás, lo que no puede, en ninguna circunstancia, es no pedir consejo.

- Como consecuencia de lo anterior, no se puede achacar a nadie una mala decisión, pero sí que es grave que alguien tome decisiones (buenas o malas) sin haber consultado a las personas adecuadas.

- Si eres responsable de equipo no puedes imponer tus criterios sobre las funciones asignadas a alguien. Lo que debes hacer es asegurarte de que todas las personas entiendan sus obligaciones. Y también podrás cambiar las funciones de las personas (o cambiar a las personas), como el entrenador de un equipo, si estas no cumplen adecuadamente; pero solo después de haber solicitado consejo.

¿Quién debe participar en el proceso de consejo?

La persona que solicite consejo debe hacerlo con una perspectiva amplia. Debe tener en cuenta a las personas con experiencia o conocimientos técnicos sobre el tema en concreto, pero también debe considerar el impacto sobre otras áreas de la empresa y sobre los objetivos globales. La tabla 8 puede ayudar a evaluar qué personas o áreas deben ser consultadas en los procesos de toma de decisiones.

En la primera columna se incluyen, con un enfoque 360º, el conjunto de personas que pueden aportar algo en la decisión:

- Técnicos o especialistas. Pueden ser miembros del equipo, de cualquier otra área de la empresa o incluso externos. ¿Existen expertos que puedan aportar un punto de vista complementario, a los que convenga tener en cuenta?

- Personas de otras áreas que puedan aportar algo a la decisión o a las que esta pueda afectar. ¿Afectará la decisión a otras personas, equipos o áreas? Por ejemplo, ¿tiene la decisión implicaciones en administración, se requiere alguna inversión, deben estar los vendedores enterados...?

- Los jefes del tomador de la decisión o los superiores de estos jefes: ¿puede el líder de equipo ayudar en la decisión o, posteriormente, en las repercusiones de esta, una vez se haya tomado? ¿Debe, en todo caso, estar informado?

- Los miembros del equipo del tomador de decisión: en la mayoría de los casos, si la decisión es relevante y afecta a un proyecto específico es importante informar al conjunto del equipo implicado en ese proyecto, aunque aparentemente no puedan aportar nada en la decisión. Por un lado, a veces quien menos se espera puede acabar proponiendo un curso de acción inesperado; por otro lado, de esta manera se contribuye a hacerles sentir relevantes y a trasladar un cierto grado de corresponsabilidad.

En el encabezado de la tabla se explicitan las principales razones por las que se debe incluir a las personas en el grupo de consejo: porque saben del tema, porque pueden aportar una perspectiva distinta, porque la decisión les influye o porque deben estar informados y conviene hacerles partícipes.

He incluido el icono de la lupa en aquellas celdas en las que es más susceptible que se deba considerar a una persona. Por ejemplo, los técnicos se deberán considerar por su conocimiento. Las personas de otras áreas, seguramente por su capacidad para aportar otras perspectivas o porque les impacte la decisión. Los responsables de equipo o sus jefes tal vez deban considerarse por cualquiera de las cuatro razones fundamentales. Asimismo, es bueno involucrar y hacer partícipes (o al menos, informar) al resto de miembros del equipo.

¿QUIÉN DEBE PARTICIPAR EN EL PROCESO DE CONSEJO?

	Sabe del tema	Puede aportar otros puntos de vista	Le influye la decisión directa o indirectamente	Debe estar informado y conviene hacerle partícipe
Técnicos y especialistas	🔍			
Personas de otras áreas (*)		🔍	🔍	
El responsable de equipo o sus superiores	🔍	🔍	🔍	🔍
El resto de los miembros del equipo				🔍

(*) Sé exhaustivo: piensa en todas las áreas de la empresa: administración, contabilidad, finanzas, I+D, marketing, producción, ventas, servicios posventa, calidad, dirección, etc.

Tabla 8. Selección de las personas para la decisión por consejo

Es importante tener en cuenta esta tabla cuando se vaya a tomar una decisión importante. De esta manera, tendremos una primera idea de las personas que pueden ayudar en la decisión. Pero es obvio que el proceso anterior debe involucrar a un número razonable de personas en función de la relevancia y complejidad de la decisión. No debemos, lógicamente, iniciar un proceso de consulta a veinte personas para la compra de una grapadora.

¿Cuántas personas deben participar en el proceso de consejo?

Es imposible aportar un criterio genérico para determinar el número óptimo de personas para cada caso. Dependerá de muchos factores: por un lado, de las características de la decisión, pero también del equipo, de su formación y experiencia, del grado de integración previo, del tipo de empresa...

Es necesario, por otro lado, equilibrar dos aspectos que no son fáciles de empatar: la calidad de la decisión y el tiempo empleado para tomarla. Por un lado, el número de personas involucradas debe contribuir a un análisis más rico en visiones y matices, pero, por otro lado, demasiadas personas pueden dilatar el proceso; si bien, hay que recordar que no es un sistema de consenso y la persona con autoridad podrá decidir y terminar discusiones y debates infructuosos.

Teniendo todo en consideración, sugiero a continuación unos criterios generales para estimar el número óptimo de personas, retomando los dos parámetros de clasificación de las decisiones: relevancia y complejidad.

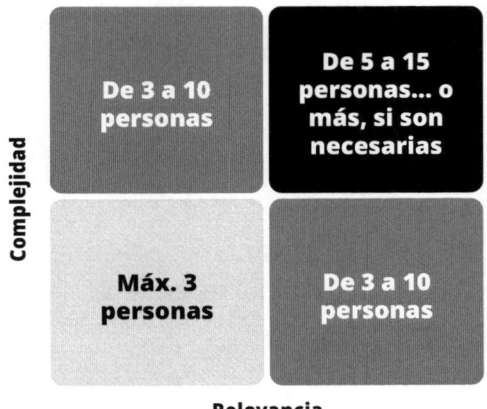

Tabla 9. Número de personas recomendadas para la solicitud de consejo

Con la tabla 9 pretendo aportar una referencia inicial. Decisiones poco relevantes o complejas no deberían involucrar a más de tres personas en ningún caso. Eso significa que también lo podrían hacer dos personas o incluso, en asuntos de escasa relevancia y complejidad (comprar una grapadora), las decisiones pueden ser unilaterales. Aquí el objetivo fundamental que debe primar es no perder tiempo en decisiones poco importantes. En caso de decisiones complejas de relevancia moderada o viceversa, un número de 3 a 10 personas puede ser muy efectivo.

Si la decisión es compleja y relevante, podemos considerar un número mayor de personas consultadas. Pienso que un máximo de 15 personas debe ser suficiente en la mayoría de los casos; no obstante, si la decisión es compleja y relevante, y la persona lo considera oportuno, no hay porqué limitarse. Una vez más es importante recordar que se pide consejo, no consenso, por lo que mientras haya personas que puedan aportar algo, tal vez convenga seguir consultando.

Por último, a la hora de pedir consejo se puede hacer de manera individual o en grupo. Las decisiones en grupo pueden dar lugar a mayor debate. De estas sesiones pueden surgir nuevas ideas y caminos inesperados; no obstante, el debate en grupo es más difícil de coordinar y, además, suele ser asimétrico, con mayor protagonismo de unas personas que de otras. Hay que tener en cuenta, en este sentido, que ciertas personas pueden tratar de imponer, por rango o carácter, sus opiniones frente a las de otros, tal vez menos dispuestos a la exposición pública. Por el contrario, las conversaciones individuales pueden ser más ágiles, más reposadas y tal vez más profundas.

Creo que es importante que cada empresa y equipo establezca sus propias dinámicas. Las personas pueden decidir el sistema óptimo en cada caso, en función de la urgencia, la disponibilidad del equipo, la relevancia, etc.

Delegación en cascada

He venido sugiriendo la manera de delegar funciones en personas, pero tal vez consideres que una función es demasiado compleja o extensa como para delegarla en una única persona. Consideremos el ejemplo de implantación de un *software* que comentamos anteriormente. En este caso, podemos designar un equipo para afrontar la tarea. Será importante, no obstante, asegurarnos de que haya un responsable del equipo, que sea el «propietario de la función»: su responsable. De esta manera debemos asegurarnos de no quebrantar el principio de no ambigüedad.

El responsable del equipo hereda la autoridad y responsabilidad sobre la función, y, dotado de esta autoridad, podrá posteriormente empoderar a otros miembros del equipo, conforme al mismo procedimiento aquí expuesto. Este sistema de delegación en cascada, que implica la disgregación de los objetivos de lo más general a lo más específico, es compatible con modernas metodologías de alineación de objetivos, como los OKR, o *Kaizen*. Estos sistemas serán, de hecho, tanto más efectivos cuanto más tengan en consideración algunos de los conceptos sobre el empoderamiento y los sistemas de toma de decisiones que hemos visto en los últimos capítulos.

Reflexiones finales

Mediante el sistema de toma de decisiones por consejo estaremos otorgando autoridad, tras un análisis pormenorizado, a las personas más aptas para la toma de decisiones, en función de su experiencia y habilidades, pero, además, haremos partícipe al resto del equipo, lo que contribuye a asegurar una perspectiva amplia sobre los asuntos. Estas son algunas de las ventajas de este sistema de toma de decisiones:

- Acostumbra a más personas a la toma de decisiones, y las implica en los objetivos empresariales.
- Contribuye a que los problemas se aborden con visión de conjunto.

- Favorece la comunicación no solo entre los miembros del equipo, sino también a nivel interdepartamental.

- Reparte la toma de decisiones entre más personas, lo que agiliza la capacidad global de la empresa para reaccionar con dinamismo.

- Favorece que las personas puedan interesarse y desarrollarse en otras disciplinas o áreas de la empresa.

- En general, las personas se sienten mucho más valoradas e implicadas en los objetivos, y eso genera compromiso y satisfacción.

Las ventajas son, por tanto, numerosas, y lo cierto es que, bien aplicado, el método de toma de decisiones por consejo tiene pocos inconvenientes. Por otro lado, si bien es un método fácil de entender, su implementación puede llevar algo de tiempo. La mayor dificultad para la aplicación efectiva de este método es que las personas se acostumbren a la petición de consejo. Es fácil que algunos miembros del equipo acaben saltándose este paso, ya sea por urgencia, por ego o por pereza. Por supuesto, cuando se trate de una función recurrente y monótona, no será necesario solicitar opiniones a cada momento, pero lo que se busca es un proceso de mejora continua, superación de nuevos retos e innovación, y eso implica un cuestionamiento constante del *statu quo*. Es ahí donde el consejo se hace esencial, y donde los líderes se deben convertir en valedores del sistema.

Como responsable, asegúrate, por tanto, de que las personas están siguiendo el proceso. Una de tus principales funciones, ahora, es la de convertirte en valedor del sistema. Tú eres el encargado de enseñar el modelo, entrenar a las personas y asegurarte de que se implementa adecuadamente. Tienes ahora muchas de las claves para ello, pero estate atento a las dinámicas. Ten en cuenta lo siguiente:

- Desde el momento en que se empiece a implementar el sistema de toma de decisiones por consejo, deberán pedirte consejo. Asegúrate de que sea así. Si no, interésate en lo que están haciendo y asegúrate de que no estén funcionando unilateralmente.

- Cuando te soliciten consejo, utiliza esas reuniones para comprobar el funcionamiento del proceso. Principalmente, asegúrate de
  que no solo te están pidiendo consejo a ti. Indaga y pregunta a
  quién más se ha consultado, a quién más podrían hacerlo, qué les
  han aconsejado, en base a qué argumentos, etc.

- Cuando se te pida consejo resiste la tentación de decir qué es lo
  que hay que hacer. Ya no estás dirigiendo ni supervisando, sino
  que estás aconsejando. Asegúrate de que, tras la consulta, las
  personas saben que tienen opciones.

- Utiliza las reuniones de solicitud de consejo para entrenar a las
  personas en la toma de decisiones. Muéstrales cómo analizar el
  contexto, anímalos a recopilar información (y a pedir consejo), a
  ser analíticos, a evaluar pros y contras, a determinar y ponderar
  riesgos y beneficios, y, finalmente, déjales que decidan.

Ceder el poder

Con todo lo expuesto es evidente que el papel de los gerentes y
responsables de equipo es muy relevante. Cuando entienden que
no podrán imponer sus criterios cuando no estén de acuerdo con
algún miembro del equipo, muchos gerentes sienten un inmediato
escepticismo, o incluso algo de vértigo. Para muchos esta será una
barrera infranqueable. Hay que vencer décadas de desconfianza en
las relaciones laborales, según se han establecido estas en la mayoría de las empresas. Sin embargo, los líderes audaces que aplican
estas estrategias con convicción, aunque renuncian al poder de la
última palabra, de hecho ganan en influencia. ¿Cómo es posible
ganar influencia si se cede autoridad? Muy sencillo: los miembros
del equipo estarán mucho más dispuestos a compartir la información transparentemente y sin tapujos.

Lo primero que manifiestan muchos líderes cuando empiezan a
aplicar estos métodos es que, de repente, se enteran de muchas
más cosas. Empiezan a conocer dinámicas y aspectos del equipo que
antes se les escapaban. Los líderes tienen más y mejor información
y, en la mayoría de los casos, sus consejos son tenidos en conside-

ración. En última instancia, el poder formal que entregan estos líderes se compensa con creces en términos de información, prestigio e influencia.

De manera aparentemente paradójica, este tipo de líderes acaba incrementando su poder real, tanto sobre el equipo como sobre su organización, al ceder parte de su poder formal. Se multiplica así su capacidad para mover iniciativas. En relación con esto, hay otro aspecto en el que el papel de los líderes es fundamental, y merece un capítulo aparte: el rol del líder como promotor de la visión y el propósito. Lo vamos a ver en el siguiente capítulo.

Claves del capítulo y conclusiones prácticas

- Los procesos de toma de decisiones óptimos deben tener dos características: que no sean ambiguos y que hagan partícipe al equipo.

- El proceso de toma de decisiones por consejo cumple los dos requisitos de no ambigüedad y participación del equipo.

- Mediante la toma de decisiones por consejo las personas responsables de un asunto tienen la autoridad para tomar la decisión final, y la obligación de pedir consejo. Lo importante en la toma de decisiones por consejo es solicitar opiniones. Las personas responsables no tienen la obligación de seguir los consejos, ni siquiera los de sus jefes, pero es grave no solicitar consejo.

- Es importante solicitar consejos a un conjunto variado de personas, que incluya a expertos sobre el tema, pero también a personas de otras áreas y niveles jerárquicos, si su opinión puede ser relevante. El número de personas a las que conviene consultar dependerá de la relevancia y complejidad de la decisión.

- Pese a haber delegado la autoridad, el rol de los gerentes y responsables de equipo es fundamental: distribuyen la autoridad, aportan consejo y visión y son los garantes del sistema. Ellos deben asegurarse de que las personas comprenden y aplican debidamente el sistema de toma de decisiones.

CAPÍTULO 17
El propósito para la toma de decisiones

El rol de los líderes es fundamental también en las empresas con equipos empoderados. Como hemos visto, ellos deben asegurarse de contar con la mejor «alineación». Seleccionarán a las personas más aptas para la toma de decisiones y las entrenarán para que salgan a «meter goles». Pero en las empresas este objetivo es a veces confuso. No todo el mundo entiende el éxito de la misma manera, ya que, como vimos, la gestión científica induce visiones egocéntricas en los colaboradores.

De esta manera, las empresas se esfuerzan, en una especie de danza esquizofrénica, por conseguir resultados crecientes a base de esfuerzos divergentes. Decía Andy Grove, exCEO de Intel, que «en las empresas hay tantas personas trabajando tan duro y consiguiendo tan poco...». Este es el resultado de los conflictos, la política y las disputas interdepartamentales. Muchas organizaciones funcionan como enjambres bulliciosos, cuyo objetivo no siempre es claro. En esas organizaciones la alta dirección juega un papel primordial, porque es la única capaz de acallar el rugir del enjambre por momentos y marcar una dirección para el conjunto.No obstante, esos esfuerzos duran poco antes de que el zumbido vuelva a crecer.

Además, en un mundo cada vez más complejo, los directores se sienten muchas veces sobrepasados, como vimos. Intentan marcar el camino y resolver conflictos, pero estos se multiplican. La sensación de estar llegando tarde a todo es constante. La entropía crece y crece en las organizaciones, y la energía se disipa incontroladamente.

En este libro he empezado a explicarte cómo funcionaría una empresa diferente, con equipos empoderados, capaces de tomar más decisiones y más fundadas; sin embargo, el propósito no es menos importante en este caso. Con más personas tomando decisiones se hace fundamental alimentar un sentido de propósito y dirección. El tema del propósito se trata con bastante frecuencia en la actualidad, pero ¿es realmente un asunto relevante, o solamente una vacua declaración de intenciones? ¿Es posible aportar un sentido de propósito y cohesión al caos organizacional? ¿Cuál debe ser el propósito que inspire la evolución de las empresas? ¿Cómo hacer de dicho propósito un elemento efectivo para el cambio y la toma de decisiones?

Misión, visión y valores

Durante años, las declaraciones de misión, visión y valores han sido los primeros temas a abordar en las formaciones sobre cultura organizacional en muchas universidades y escuelas de negocios. Estas declaraciones debían cumplir la función de aportar orientación a los empleados sobre los objetivos últimos de la empresa y establecer unos parámetros éticos primordiales: los valores de la empresa.

Muchas empresas y muchos empresarios han invertido grandes esfuerzos en pergeñar, de esta manera, misiones integrales y elaboradas, y han tenido que decidir qué valores debían regir en la operación fundamental de la empresa. Sin embargo, en muchas ocasiones, pese al cariño con el que se acuñan, se trata de escritos extensos, confusos y ambiguos. Cuesta asimilarlos y acaban siendo desconocidos para la mayoría de los colaboradores. De esta manera, apenas están presentes en las decisiones cotidianas.

En muchas empresas, sus principios y misiones cuelgan olvidados y abandonados en algunas salas o despachos. Su existencia pasa desapercibida, como un elemento ornamental; como si de un florero se tratara. En lugar de motivar e imbuir de compromiso y orgullo a los colaboradores, pueden provocar el efecto contrario.

En muchas empresas las declaraciones de misión, visión y valores son el incómodo recordatorio de cómo la empresa ha fracasado a la hora de vivir conforme a esos principios

---

¿Por qué son ineficaces esas declaraciones?

Se podría pensar que la causa de que la misión, la visión y los valores pasen desapercibidos es que, en muchos casos, no están bien definidos. Como decíamos antes, estas declaraciones son a menudo extensas y confusas. A los colaboradores les cuesta recordarlas, y mucho más si no se hacen presentes en el día a día.

Es posible que sea así en muchos casos, pero creo que hay una razón más profunda. Pienso que las declaraciones de misión, visión y valores conviven en las empresas con otros propósitos no declarados, pero tal vez más poderosos. En muchas empresas no hay un propósito, sino varios. Los hay que son declarados, pero otros no. Algunos son evidentes para todos los colaboradores, mientras que otros permanecen ocultos en el imaginario de la empresa. Coexisten al menos tres tipos de propósito en muchas empresas:

- el propósito declarado,
- el asumido, y
- el propósito colectivo

En muchas empresas, el propósito declarado convive con un propósito asumido y un propósito colectivo

---

Veamos cada uno de estos conceptos. Como ya lo he comentado, el **propósito declarado** son las declaraciones formales de misión, visión y valores. Aunque la dirección de la empresa los define para que sirvan de guía, muchas veces no se tienen en cuenta. Pasan desapercibidos.

Sin embargo, el propósito real, que es el que condiciona muchas de las decisiones directivas, no está formalmente declarado. Es un **propósito asumido** por casi todos, pero no se anuncia abiertamente. Sin embargo, es el que más se saca a colación y el que suele condicionar, en gran medida, la dirección que sigue de la empresa. Es un propósito claro, sencillo e fácilmente inteligible: la maximización de beneficios. Aunque es un propósito no declarado —las empresas no vocean hoy por hoy que su objetivo es ganar dinero—, se asume como algo lógico y natural, se da por hecho. La búsqueda de la maximización del beneficio es una realidad casi incuestionada por parte de los responsables de las empresas.

El tercer tipo de propósito es **el colectivo**. Este incluiría al conjunto de razones por las que cada uno de los empleados de la empresa acude al trabajo. Pueden ser múltiples: ganarse la vida, pasar el tiempo, sentirse útil y realizado, pagar la hipoteca, hacer amigos...

Lo interesante de esta clasificación es que estos propósitos que conviven en la empresa casi no se tocan entre sí. Son propósitos independientes. El *objetivo asumido* de maximizar beneficios no se suele reconocer como tal en las declaraciones de misión, visión y valores (*objetivo declarado*) y ninguno de los dos suele coincidir con las verdaderas razones por las que las personas van a trabajar a la empresa (*objetivo colectivo*).

Y más allá de los objetivos, existe otro concepto que yo llamo el alma de la empresa. Sería la amalgama de creencias, valores y emociones del conjunto de las personas que colaboran en la empresa. El *alma* es la depositaria de la verdadera disposición de las personas que trabajan en la empresa, mientras que sobre los objetivos gravitan los comportamientos situacionales. Recuerda la diferencia entre la atribución disposicional y la situacional, que mencionaba en el capítulo 9.

Ilustración 11. En las empresas existen 3 tipos de propósito que casi no se tocan entre sí y que tampoco tienen porqué coincidir con el alma de la empresa.

En mi opinión, es evidente que acercar propósito y alma es un resultado deseable, por lo que cabe preguntarse si existe la posibilidad de establecer un nuevo tipo de propósito (**propósito deseable**) que inspire las mejores decisiones en la operación de la empresa y que sea tan coincidente como sea posible con el alma de esta.

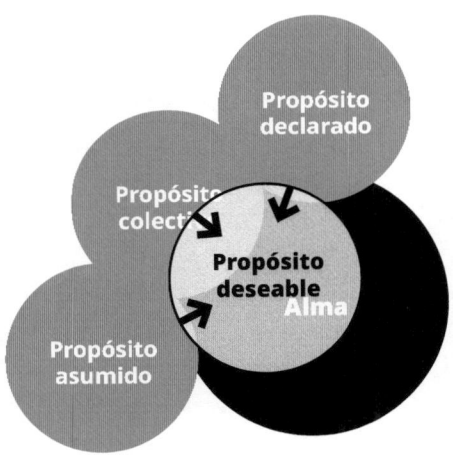

Ilustración 12. ¿Es posible definir un propósito deseable, que inspire las mejores decisiones en la empresa y que sea tan coincidente como sea posible con el alma de la empresa?

Todo esto nos da una idea de las múltiples fuentes posibles de conflicto en una organización y por qué se trata de algo más relevante de lo que podría parecer *a priori*. Merece la pena, por tanto, ahondar un poco más en este asunto.

El propósito asumido

Empecemos por el **propósito asumido**: ¿se puede renunciar al objetivo de maximización de beneficios, que rige, como digo, la operación de la mayoría de empresas? Como ya he comentado, este propósito, pese a que no suele ser explicitado por la mayoría de empresas, inspira una gran parte de las decisiones que se toman en las mismas. Casi parecería ridículo imaginar a alguien que en una reunión se atreviera a defender alternativas que no fueran aparentemente las más rentables. Tal vez en nuestro imaginario influya también la visión que de los directivos nos ha trasladado Hollywood y la industria cinematográfica.

Imaginemos una moderna sala de reuniones en un alto edificio con vistas panorámicas. En torno a una blanca mesa de diseño se sientan unos diez directivos. La preside el CEO de la corporación, que está defendiendo la deslocalización de parte de la producción a un país cuya legislación ambiental es más laxa, lo que, unido al menor coste de mano de obra, hará la operación mucho más rentable.

El responsable del área de Responsabilidad Social Corporativa levanta la mano y, con un nudo en la garganta, empieza a argumentar lo contradictorio de dicha estrategia con respecto a las políticas que están intentando implementar desde su departamento. Si te propongo que imagines un final a esta escena, es muy probable que le pronostiques un desalentador destino a este inoportuno interviniente. Pero pocas veces se cuestiona que tal vez las decisiones que aparentemente maximizan el beneficio no sean las mejores, pese a que ya hay muchas evidencias de empresas que, conduciéndose por otros principios, acaban teniendo un extraordinario éxito económico.

Tal vez, en el ejemplo anterior, la responsable de logística hubiera podido argumentar el riesgo de un incremento de las tasas aduaneras como consecuencia de las actuales tendencias proteccionistas que se vislumbran en muchos países; la directora de ventas podría haber mostrado su preocupación por los plazos de entrega y el servicio al cliente; el responsable de producción podría haber argumentado las cada vez mayores dificultades de encontrar talento en determinados países; y, por último, el director de finanzas, podría haber alegado su temor por la incertidumbre política y el riesgo país. Pero ninguno de todos esos temores se mostraba en el informe de rentabilidad, con sus empinados gráficos, que había analizado el CEO.

Afortunadamente, no todos los CEO son como malvados de películas de James Bond, ni todos los directivos son pusilánimes incapaces de expresar su opinión. Espero que te baste esta pequeña ficción para entender hasta qué punto ciertas actitudes y creencias se encuentran incrustadas en nuestro imaginario colectivo a nivel empresarial. La obsesión por «exprimir la vaca» creo que conduce, de hecho, como digo, a efectos contraproducentes. Es la obsesión por el éxito a corto plazo, aunque sea a costa del fracaso a medio y largo plazo.

Si eres un aficionado o aficionada al automovilismo o a las carreras de motos lo entenderás con facilidad. Tratar de maximizar los beneficios en todo momento es como el piloto de carreras que trata de llevar su coche siempre al máximo, sin prestar atención a otros parámetros como el consumo de gasolina, el desgaste de las ruedas, la propia resistencia de la mecánica, etc. Estos pilotos difícilmente acaban los primeros al final de un campeonato.

Considero, entonces, que las empresas deben ser capaces de superar este propósito y tener una visión de largo plazo; deben ser capaces de vencer la tentación de apretar el acelerador y pensar más en el campeonato. Esto obliga a replantearse qué parámetros son los idóneos para mantener un ritmo adecuado sin poner en riesgo la operativa.

Pero, aunque consigamos renunciar al objetivo de la maximización de beneficios —o ponerlo en contexto—, aún existen los otros dos propósitos que hemos comentado anteriormente. La cuestión es: ¿qué estrategias se pueden seguir para establecer un propósito único, real, motivador, útil y presente en el día a día de las empresas?

¿Existe una alternativa?

La cuestión lógica que cabe plantearse es si existe una alternativa a la maximización de beneficios. La perspectiva tradicional, que bebe del taylorismo, y que se asume aún hoy en muchas universidades y escuelas de negocios, es que no hay alternativa. Los defensores de esta perspectiva aducen que sin beneficios las empresas no pueden sobrevivir, y que estos son la contraparte lógica y razonable por los bienes y servicios que ponen a disposición de la sociedad. Todo ello es en gran parte verdad, pero el hecho de que las empresas deban tener beneficios no es lo mismo que concluir que todas las decisiones de la empresa deban orientarse a la maximización de estos.

Lo cierto es que esta concepción también se ampara, en mi opinión, en parte, en las lecciones tradicionales de economía. Todo curso básico de economía empieza con la ley de la oferta y la demanda y sobre cómo, en mercados competitivos, el mercado impone un precio de equilibrio que las empresas deben asumir para ser competitivas. Según esta teoría, cualquier innovación que le aporte una ventaja competitiva a tu empresa, será más pronto o más tarde copiada y adoptada por el resto y se alcanzará un nuevo punto de equilibrio. Pese a que este comportamiento es el esperado según las nociones básicas de economía, solo se produce en *mercados perfectamente competitivos*, que son mercados teóricos o ideales, pero inexistentes en el mundo real. Son muchas las personas que asumen esta perspectiva equilibrada y estática de la competencia como un principio incuestionable.

Desde este punto de vista no es posible diferenciarse de forma significativa y duradera. Sobre esa base, la innovación se percibe como un esfuerzo bastante inútil, incapaz de sostener una diferenciación duradera. El énfasis debe ponerse, entonces, en la optimización de los procesos existentes. Los esfuerzos deben dirigirse a mejorar la productividad y permanecer vigilantes a lo que hace la competencia. Esta concepción induce una visión estática de la empresa, con innovaciones puntuales y moderadas.

Ante esta visión de las cosas, es lógico que se perciba la maximización de beneficios como un objetivo vital. En mercados de este tipo, donde los precios son impuestos por fuerzas externas fuertemente competitivas y la diferenciación es imposible, los beneficios son necesariamente estrechos, y aspirar a maximizarlos no es un ejercicio de acumulación avariciosa de dinero, sino una lógica y vital lucha por la supervivencia. Bajo esta visión tradicional, el tamaño de la empresa es fundamental para conseguir ser competitivo en el tiempo. Las economías de escala se perciben como el medio más eficaz para reducir costes y superar a la competencia.

En conclusión, **los criterios técnicos (productividad y economías de escala) se consideran prevalentes, en detrimento de la contribución y el potencial del factor humano (innovación).**

No obstante, especialmente en las últimas décadas, se ha puesto de manifiesto una tendencia distinta. El volumen ya no garantiza la competitividad. Muchas empresas han demostrado que es posible superar a los gigantes tradicionales gracias a su capacidad para hacer las cosas de manera diferente. Esto ocurre gracias a que el coste de la experimentación se ha abaratado. Ahora hay mayor acceso a la información, a recursos computacionales extraordinarios y económicos, más facilidades de acceso a los mercados y más herramientas, que ayudan a la investigación y el desarrollo, como, por ejemplo, las impresoras 3D. Todo ello hace que la innovación esté al alcance de muchas más empresas. Son ya numerosos los casos de pequeñas empresas y *startups* que han revolucionado sectores enteros dejando atrás a los competidores tradicionales.

Dicho de otra manera, estas empresas disruptivas han demostrado no solo que es posible superar a la competencia, sino que se han propuesto rebasarla con creces. El objetivo de estas empresas no es ser un poco mejores que la competencia, sino ser mucho mejores. Buscan convertirse en monopolios (según las nociones de la economía básica), pero por la vía de hacer las cosas de manera claramente diferencial. Paradójicamente, la manera de conseguirlo es supeditar la búsqueda del beneficio a un objetivo diferente: la búsqueda de la excelencia.

La búsqueda de la excelencia puede ser el nuevo propósito que sustituya a la maximización del beneficio

---

Con esto, tal vez hayamos llegado a una primera conclusión relevante: la maximización del beneficio tal vez no sea la única solución posible, como se creía tradicionalmente; la excelencia puede ser un objetivo tal vez mejor, incluso para las propias empresas y sus inversores. De manera aparentemente paradójica, si sustituimos el objetivo de maximización de beneficios, tal vez acabemos maximizándolos.

La búsqueda de la excelencia en la práctica

La búsqueda de la excelencia es un rasgo común en la operación de muchas de las empresas más exitosas de la actualidad. Empresas como Google, Amazon o Tesla son abanderadas de este concepto. De hecho, estas y otras empresas han evolucionado en torno a su propósito. Casi se puede afirmar que, en estos casos, lo primero fue el propósito.

Google quiso crear el mejor algoritmo de búsqueda para internet posible. Ese fue el propósito de Larry Page y Sergey Brin cuando aún eran estudiantes universitarios, antes incluso de que imaginaran cómo obtendrían beneficios con ese algoritmo. Este espíritu innovador se ha mantenido en la historia de la empresa, lo que los ha llevado a involucrarse en proyectos extremadamente ambiciosos, cuya rentabilidad no era evidente en principio, como Gmail, Google Earth, los proyectos de conducción autónoma, Google Chrome, Google+, y un sinfín de casos más.

Amazon, por su parte, sufrió años de pérdidas, desde su fundación, antes de conseguir el objetivo perseguido por su fundador (Jeff Bezos): convertirse en la empresa con el mejor servicio al cliente del mundo. Tesla surge de la visión de una persona (Elon Musk), que cree que la electrificación del transporte es esencial para el cambio de modelo hacia las energías renovables y la lucha contra el cambio climático.

Estas empresas no se crearon, por tanto, tras el análisis de sesudos estudios de mercado por costosas consultoras internacionales. Surgieron de la voluntad de hacer algo único y mejor. Estos no son casos aislados. Esta búsqueda de la excelencia se encuentra cada vez más incrustada en la cultura de muchas empresas, especialmente americanas. De hecho, Salim Ismail expone en su libro *Organizaciones Exponenciales*, que la existencia de un propósito extraordinario es un rasgo común en muchas de las empresas más innovadoras de Estados Unidos. **Estas empresas crecen a partir de su propósito, en lugar de inventar un propósito para crecer.** Se trata de propósitos aspiracionales extraordinarios, que apuntan a cambiar el mundo, o al menos, una industria entera. Algunos de los numerosos ejemplos son los siguientes:

- TED: «Ideas que merece la pena divulgar».
- Google: «Organizar la información del mundo».
- X Prize Foundation: «Producir avances radicales para el beneficio de la humanidad».
- Quirky: «Hacer la innovación accesible».
- Singularity University: «Impactar positivamente a mil millones de personas».

Creo que es posible aprender de estos ejemplos, y que, si estos propósitos son importantes para inducir y mantener una visión en estas extraordinarias organizaciones, también ha de ser útil establecer un propósito en tu empresa o en tu equipo. Veamos cuáles son las características de estos ejemplos poderosos, por si te sirven de inspiración:

- Se trata de declaraciones cortas, de tan solo una frase, inteligibles y fáciles de asimilar.

- Son objetivos atractivos y, en muchos casos —aunque no necesariamente—, éticos, que dan significado a la empresa y su actividad.

- Son propósitos que animan a marcar la diferencia.

¿Crees que puede existir un propósito similar para tu equipo o empresa? Tal vez se te ocurra uno ideal para tu equipo. En ese caso, el siguiente paso sería pedir consejo, tratar de asegurarte de que significa algo también para las personas del equipo. Recuerda que este propósito debe engarzar con el alma del equipo. En este sentido, a lo mejor tampoco necesita ser un propósito tan grandilocuente como el de los de los ejemplos anteriores, pero debe tener un sentido real para los colaboradores.

Por ejemplo, Frederic Laloux nos cuenta en su libro *Reinventar las organizaciones* como FAVI, una empresa francesa que fabrica piezas para el sector del automóvil, organizó una dinámica para encontrar su propósito. Para ello, involucró al conjunto de su personal y organizaron una serie de sesiones de propuestas y votaciones. Finalmente, llegaron a la conclusión de que lo más significativo para las personas que trabajaban allí era mantener trabajos de calidad en Francia. Este se convirtió en su propósito e inspiración. Tal vez por ello esta empresa ha conseguido mantener su actividad en Francia y prosperar en un sector tan competitivo como el del automóvil, cuando muchas otras empresas deslocalizaron su producción.

Creo que este es un buen ejemplo. Si tu equipo ya está operativo, involúcralo en esta búsqueda de significado. Si el equipo es nuevo o está conformándose, puedes idear tú mismo un propósito atractivo, asegurándote posteriormente de que las personas que se incorporen lo sientan como tal.

Un propósito que inspire y esté siempre presente

El objetivo, nuevamente, es establecer un propósito que sea tan coincidente como sea posible con el alma de la empresa; es decir, un propósito que ayude a mantener una disposición única en las personas. Este propósito debe inspirar la toma de decisiones de estas en equipos empoderados. Por tanto, no debe tratarse de una bonita declaración de intenciones, o de un ejercicio manipulador para intentar inducir un forzado sentido de pertenencia. Este propósito solo será efectivo cuando se tome en serio y salga a colación en las conversaciones del día a día y durante los procesos de solicitud de consejo, e inspire, por tanto, las decisiones reales del equipo.

Claves del capítulo y conclusiones prácticas

- En las empresas conviven distintos tipos de propósito: el declarado (misión, visión y valores), el asumido (maximización del beneficio) y el colectivo (las razones individuales de cada colaborador).

- Alinear los diferentes objetivos, y acercarlos al alma de la empresa (los verdaderos intereses, valores y creencias del conjunto de los colaboradores) es un ejercicio que puede ayudar a aunar voluntades en la organización.

- La búsqueda de la excelencia puede sustituir el objetivo casi universalmente aceptado en las empresas de la maximización del beneficio. Este no solo es un objetivo más presentable y popular, capaz de imbuir de significado a la operación, y que ayuda a la alineación de los objetivos, sino que contribuirá de manera más efectiva al éxito financiero de la empresa.

- Mediante el objetivo de búsqueda de la excelencia, las empresas se ponen a «trabajar por el campeonato», en lugar de exprimirse hasta la extenuación en carreras sin fin. Es decir, la búsqueda de la excelencia otorga una visión de más largo plazo, frente a la lucha cortoplacista por el beneficio inmediato.

CAPÍTULO 18

La clave definitiva que cambiará tu empresa para siempre. Nunca olvides esta conclusión

En este libro te he tratado de aportar una serie de pautas para construir equipos empoderados de manera efectiva; no obstante, el más elaborado y racional de los procedimientos puede resultar inoperativo ante las realidades del día a día. Estamos trabajando con personas y las personas no son robots. Precisamente estamos combatiendo esa visión mecanicista de las relaciones humanas en las empresas. No podemos perder de vista, por tanto, la ley del liderazgo que te comenté en el capítulo 11.

No debemos centrarnos en los comportamientos, sino en las mentalidades, y la manera más efectiva de influir sobre las mentalidades es implicar a los equipos. Por eso, las figuras esenciales para el proceso de empoderamiento de los equipos son los responsables directos de dichos equipos. Sin ellos la delegación de autoridad será imposible. Por lo tanto, si diriges una empresa y quieres fomentar un profundo cambio organizativo, debes centrarte en las dinámicas de equipo y en las personas que están al frente de los mismos. Aunque tu papel es fundamental como inductor y valedor del cambio, en realidad este ocurre siempre desde abajo. **Cambiar una organización es cambiar las mentalidades de los equipos**. Ten entonces en cuenta dos aspectos fundamentales:

1. En primer lugar, para que los responsables de equipo puedan empoderar a sus equipos, deben tener ellos mismos autoridad suficiente. Recuerda los ejercicios que hemos hecho sobre la toma de decisiones. Si la práctica totalidad de las decisiones se toma a nivel jerárquico o en áreas de *staff*, los equipos van a permanecer

esencialmente limitados. Será difícil que de esta manera se expanda su comprensión de la empresa y sus objetivos y se desarrolle una visión de conjunto más amplia, y un mayor compromiso.

2. Por otro lado, los responsables de equipo deben asumir su cambio de rol. Lo más importante que deben entender es que, como entrenadores, una vez empoderen al equipo ya no pueden saltar al terreno de juego.

Como argumentamos, estas personas mantendrán una gran influencia, y disfrutarán, con el tiempo, de colaborar con un equipo infinitamente más activo y comprometido; pero deben renunciar al derecho a la última palabra. Cuando enseño estas estrategias, me gusta transmitir que existe una *frase* mágica, que es la que esencialmente cambiará tu organización.

Todo este libro puede ser resumido en la aplicación de una frase mágica, que es la que deberán pronunciar los responsables de equipo con regularidad: «Es tu decisión»

Cuando los responsables de equipo se acostumbran a concluir cada reunión y cada consulta con esta confirmación, es cuando las personas sienten que de verdad se les ha puesto el balón en los pies. Solo así sus mentalidades cambiarán de manera efectiva.

Por tanto, si quieres liderar un proceso de cambio, asegúrate de que tus responsables de equipo entienden estas ideas; y de que efectivamente están dando protagonismo a sus equipos. Sin eso, sin esa frase mágica, pero repetida con la convicción del mago que pronuncia un hechizo poderoso, todo esfuerzo de transformación será infructuoso.

CAPÍTULO 19

Lo más importante ya está hecho

El principal mensaje que te he querido transmitir a lo largo del libro es la importancia de delegar la autoridad en los equipos y de hacerlos partícipes de los objetivos y el propósito de la empresa. De esta manera, se multiplica la capacidad de la empresa para reaccionar ante las amenazas y oportunidades del entorno. Además, se consigue mantener equipos más comprometidos, proactivos, implicados y felices. Se eliminan así muchas de las barreras que dificultan la competitividad en las empresas más tradicionales.

Con equipos implicados es mucho más factible acometer nuevas iniciativas e implementar procesos continuos de mejora. Superada la relación mecanicista clásica, las personas se implican no solo físicamente, sino emocionalmente: *en cuerpo y alma*. Entonces es cuando sale a relucir el más preciado (pero curiosamente infravalorado), de los recursos de los equipos: **su intelecto**, que es la base de su creatividad. Todo esto solamente se puede conseguir cuando se involucra a las personas en los objetivos de la empresa, se alimenta de significado su día a día y se les implica, con convicción, en la toma de decisiones.

Condición necesaria pero no suficiente

No obstante, si se desea acometer una profunda transformación organizacional, avanzar en el empoderamiento es hacer solo una parte del camino. Se trata, en mi opinión, de la parte fundamental, pero aún hay más. Con el empoderamiento de tus equipos habrás dotado a tu empresa de un potencial extraordinario, y ahora estarás en disposición de determinar la mejor manera de darle forma. Como decía un famoso anuncio: «la potencia sin control no sirve de nada».

Sin ser tan contundentes, este proceso de empoderamiento es como dotar a un utilitario de un motor deportivo. Te permitirá, sin duda, ir mucho más rápido, pero necesitas procurarle el chasis apropiado.

Entender cómo culminar esa transformación implica repensar la empresa con una visión integral. Esto obliga a reconsiderar muchas de las disciplinas tradicionales de gestión, que se sustentan, a menudo de manera inadvertida, sobre los principios de la gestión científica. Aunque esto se escapa de los objetivos de este libro, no obstante, te incluyo un pequeño epílogo con algunas pinceladas sobre el alcance de esta transformación. En todo caso, te animo a iniciar este proceso de empoderamiento. Hazlo, aunque sea por curiosidad. Observarás por ti mismo el rápido cambio en las mentalidades del equipo.

La literatura sobre cambio organizacional tiende a sugerir que los procesos de transformación pueden durar años. En mi opinión, esto es así cuando se tratan de imponer contra natura; es decir, cuando se espera conseguir implicación y proactividad, pero sin cambiar de fondo los postulados de la gestión científica, que anclan a la empresa en el mecanicismo y en el mantenimiento del *statu quo*. Mi experiencia es que cuando se cambian de raiz los principios rectores del sistema, las mentalidades cambian rápido, y con ello la empresa. Si estás atento, no tardarás más que unos pocos meses en observar comportamientos sorprendentes.

El resultado merece la pena, pero, como recomienda la sensatez, si tienes dudas, empieza poco a poco. Elige un equipo —tal vez uno en el que tengas confianza—, habla con su responsable o responsables, comenta lo que has aprendido, pide consejo también, y finalmente, observa y analiza. Te garantizo que te vas a sorprender.

La empresa empoderada

Ya son numerosas las empresas que, de una u otra manera, han sido capaces de superar el modelo tradicional de la gestión científica. Si bien no todas lo han hecho de la misma manera, existen rasgos comunes en muchas de ellas. En esencia, estas empresas modernas han sido capaces de organizarse de una manera diferente, con un objetivo fundamental: ser capaces, no ya de adaptarse, sino incluso de prosperar en un entorno en constante cambio.

A lo largo de este libro hemos visto cómo un aspecto fundamental para ello es el empoderamiento de los equipos. Con equipos empoderados las empresas son capaces de interpretar de una manera más eficaz las amenazas del entorno y reaccionar con mayor agilidad y mejor información. Vimos en la primera parte del libro que existen distintas concepciones organizacionales. Si la tradicional implica entender la empresa como un mecanismo, en el que cada persona es como una pieza encargada de unas tareas concretas, existe un modelo distinto que entiende la organización como si de un organismo se tratara.

Las implicaciones de esto son múltiples y profundas. Afectan a la propia estructura organizacional, pero también a la manera en que se intercambia información dentro y fuera de la organización, a los modelos de reclutamiento, a la manera de entender los mercados e interaccionar con ellos, al modo de afrontar las estrategias e inversiones, y a la manera de relacionarse y negociar con los colaborares y *partners* externos. En resumen, afectan a prácticamente todas las disciplinas tradicionales de gestión en cuanto al modo que las entendemos: gestión de proyectos, recursos humanos, estrategia, finanzas, marketing, negociación, etc. Si analizamos cuáles son algunas de estas diferencias, nos ayudará a entender mejor el alcance de la transformación que podremos acometer en nuestras empresas.

Impacto en la estructura organizacional

Cuando trabajé como director en Natura Medioambiente promoví un cambio sencillo pero poderoso. Natura Medioambiente es una consultora ambiental. El departamento de proyectos estaba organizado a la manera tradicional. Contaba con unas 25 personas en ese momento, y tenía un director y un subdirector, pero también responsables de cada una de las disciplinas técnicas: flora, fauna, impactos ambientales, etc. Los directores organizaban los trabajos, lo que era una tarea realmente ardua. Obligaba a considerar un amplio equipo, con conocimientos diversos, trabajando en numerosos proyectos simultáneos (habitualmente más de diez o quince), y para distintos clientes. La labor de organización les consumía innumerables horas y desvelos.

Decidimos, por lo tanto, promover un cambio. En lugar de ese planteamiento piramidal y por especialidades, reestructuramos el área por equipos. Creamos cuatro equipos, integrados por seis o siete personas cada uno. Cada equipo era interdisciplinar, contaba con expertos de las distintas especialidades. A cada uno de estos equipos se le asignó la responsabilidad de atender a distintos clientes. Pero hicimos algo más: asignamos una persona de administración a la que integramos en el departamento ambiental, en lugar de colaborar desde un departamento administrativo separado. Esta persona ayudaba en la gestión de los desplazamientos y gastos de viajes, así como en la adquisición y administración de los equipos y recursos, pero lo hacía, ahora, mano a mano con los técnicos. Estos cambios no implicaron prácticamente ninguna transformación física de los espacios de trabajo. Para un observador externo, todo seguía de forma similar; sin embargo, su efecto fue poderosísimo.

Los equipos encargados de atender directamente a los clientes empezaron a tener una relación más estrecha con ellos, se organizaban mejor (por la sencilla razón de que es más fácil organizar el trabajo de seis personas que el de 25), y se empezaron a implicar más con los objetivos finales (la satisfacción del cliente) que con el cumplimiento de sus tareas específicas (flora, fauna, paisaje, impactos...). Al tratarse de pequeños equipos interdisciplinares, también se favoreció que hubiera un mejor intercambio de información. Era más fácil que unos enseñaran a otros. No es que de esta manera no hubiera especializaciones, sino que ahora las personas tenían más posibilidades para aprender otros aspectos de los proyectos. Se facilitó así que las personas se desarrollaran más allá de sus especialidades, y que acabaran alcanzando destreza también en otras áreas. Los beneficios que trajo esta reconsideración organizacional fueron extraordinarios, con equipos ya empoderados. El coste de empezar a operar de esta manera fue cero.

En el modelo mecanicista tradicional la especialización es un concepto fundamental. Se busca a las personas óptimas, con los conocimientos concretos para desempeñar funciones específicas. A escala organizacional, esto conduce a la tradicional organización por especialidades y subespecialidades: marketing, operaciones, recursos humanos, contabilidad, etc. En cada una de estas áreas hay especialistas con una visión parcial de sus objetivos empresariales. Este tipo de estructura organizacional por departamentos y subdepartamentos funcionales no es, no obstante, la única posible.

Lo que hicimos en Natura fue crear equipos interdisciplinares y autónomos capaces de proveer un servicio integral al cliente, lo que contribuyó a que fueran protagonistas de la empresa, con una visión de conjunto. ¿Es esta lógica aplicable a otro tipo de empresas?

FAVI, la empresa industrial del sector automovilístico a la que hice mención en el capítulo 17, se organiza en equipos de hasta 50 personas. Son equipos numerosos, pero cada uno de ellos incluye la totalidad de las funciones necesarias para desempeñar la actividad. En esos equipos están los responsables de las cuentas de clientes, ingenieros, operadores, especialistas logísticos, etc. El objetivo del equipo, en su conjunto, es asegurar un desempeño sin fisuras de cara al cliente.

Buurtzorg es otra empresa que ha experimentado un éxito extraordinario, y que es objeto, por ello, de numerosos estudios y análisis sobre su particular manera de gestión. Es una organización que provee servicios de atención domiciliaria de salud en Holanda. Está organizada en base a equipos de no más de doce personas, compuestos prácticamente de manera exclusiva por enfermeros.

La estructura corporativa de *staff* es mínima en estas empresas organizadas de manera más funcional que divisional, ya que muchas de las actividades son absorbidas por los propios equipos, que tienen sus propios especialistas, si así se requiere. Esto está muy relacionado con el concepto Lean y tiene implicaciones sobre la gestión de proyectos.

Impacto en la gestión de proyectos

Desde la perspectiva de la gestión científica, el mundo es predecible. La dirección tiene la misión de marcar el camino a seguir. Decide los proyectos prioritarios y predefine sus características. Esto lleva a la concepción tradicional de la gestión de proyectos. Con los objetivos y especificaciones de cada proyecto predefinidos, solamente hacen falta tres parámetros para la planificación y la medición del progreso del proyecto: tiempo, coste y calidad. Estos parámetros están directamente interrelacionados. Si queremos acelerar los tiempos de desarrollo de un proyecto, deberemos incrementar sus costes o sacrificar su calidad. De igual manera, si queremos mejorar la calidad, esto impactará a los tiempos y los costes. Bajo esta perspectiva únicamente se puede influir sobre el proyecto impactando en alguno de esos parámetros.

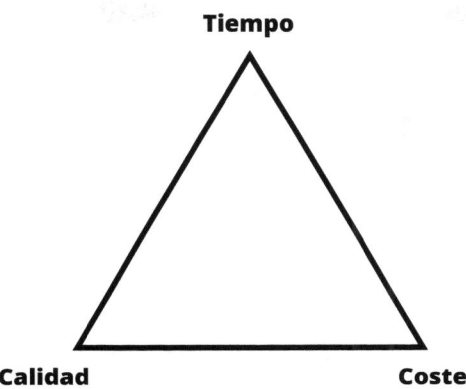

Ilustración 13. Desde la perspectiva clásica, los proyectos evolucionan en torno a tres parámetros interrelacionados: tiempo, coste y calidad.

Pese a su utilidad práctica, la limitación a los tres parámetros anteriores puede conllevar una visión miope del desarrollo de un proyecto. Por ejemplo, ¿qué pasa si introducimos en este triángulo de tiempo, coste y calidad, un nuevo parámetro: la funcionalidad o, más genéricamente, el valor? No es raro que esto no se tenga en cuenta desde la visión clásica de desarrollo de proyectos, ya que las funcionalidades, especificaciones y objetivos están predefinidos. Desde esta perspectiva tradicional, terminar el proyecto implica conseguir las especificaciones que se decidieron inicialmente. De esta manera, se consideran algo fijo e inmutable. Pero ¿y si eso no es así? ¿Podríamos mejorar la calidad de un proyecto sin impactar sus tiempos y costes? Tal vez sí: si reducimos sus especificaciones o funcionalidades.

Introduciendo este nuevo parámetro en la ecuación se puede afrontar el progreso de una manera distinta, en base a pequeñas metas. El cambio conceptual es profundo. Ya no es necesario imaginar proyectos elaborados y complejos y planificar todos los pasos con antelación. Ahora podemos partir de una funcionalidad básica, que aporte un valor por sí sola y que requiera unos tiempos y costes más limitados. Una vez construida esa funcionalidad, se puede crecer el proyecto en pequeños pasos, cada uno de los cuales involucra incrementos de valor y requiere menores inversiones.

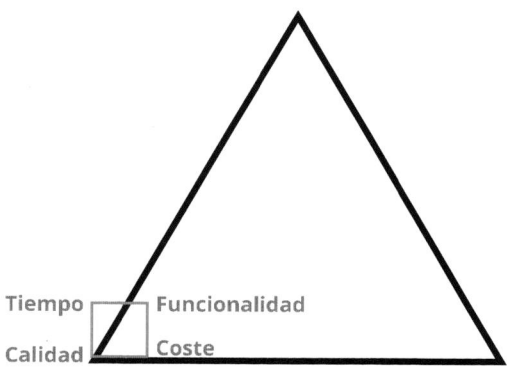

Ilustración 14. Con una nueva dimensión de funcionalidad, los proyectos pueden avanzar de manera más paulatina y flexible

Esta idea parece sencilla, y es poderosa. Tan poderosa que de ella beben prácticamente todas las metodologías modernas y exitosas de gestión, trabajo en equipo e innovación: *Design Thinking, Lean, Kaizen, Agile, Scrum, OKRs,* etc.

Bajo el sistema tradicional de gestión de proyectos en cascada, se hace una labor inicial intensa de planificación, se deciden los objetivos, funcionalidades, características, hitos, procesos, recursos, herramientas y todo lo que tiene que ver con el proyecto. Durante su desarrollo se monitorean estos parámetros básicos para asegurarse de que todo vaya según el plan; pero eso nunca ocurre (especialmente en un entorno VUCA). La práctica totalidad de los proyectos fracasa a la hora de cumplir los objetivos preliminares propuestos, y acaban implicando mayores costes y plazos. Frente a esto, la alternativa de desarrollar los proyectos en pequeños pasos significativos es mucho más flexible, ágil y dinámica. Tras cada paso es fundamental, en este caso, hacer una medición de resultados, analizar, aprender y tomar decisiones, en consecuencia, sobre los siguientes pasos. De esta manera los proyectos crecen sólidos, por etapas y con bases firmes. Es fácil apreciar que este modo de operación es mucho más consistente con el funcionamiento de una *empresa orgánica*, como hemos venido argumentando.

Los proyectos evolucionan así en función de las dificultades y el aprendizaje que van surgiendo en el proceso. Dicho de otra manera, los proyectos se hacen más flexibles y se obtiene una mayor capacidad para reaccionar ante las respuestas del entorno.

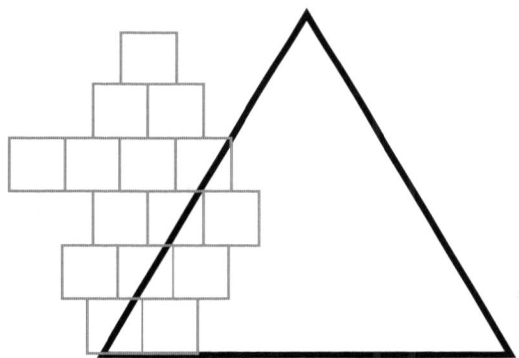

Ilustración 15. Los proyectos desarrollados en pequeños pasos pueden evolucionar de manera dinámica y autónoma, adaptándose eficazmente al entorno.

En resumen, existen distintas maneras de enfocar la gestión de un proyecto. El primer sistema es en cascada, tras una planificación previa y pormenorizada. El segundo sistema implica afrontar los proyectos en pequeñas etapas de manera más flexible. En él la retroalimentación y el aprendizaje son fundamentales.

Impacto en la estrategia

Con todo lo expuesto, ya solo hace falta tirar del hilo para entender las implicaciones en otros ámbitos empresariales. Estamos en un entorno VUCA y no tenemos ni idea de lo que va a pasar. El futuro es completamente obtuso para cualquiera de nosotros. Esto es lo que nos ha llevado a considerar la necesidad de equipos más autónomos y proactivos, que trabajarán en proyectos paso a paso, asegurándose de obtener una constante retroalimentación del entorno.

Las implicaciones estratégicas son evidentes. Los planes estratégicos a 3, 5 o 10 años ya no tienen cabida en la mayoría de las empresas, salvo en aquellas en las que, por sus características, estos períodos sean a efectos prácticos un corto plazo, como, por ejemplo, en una agencia espacial.

Los planes estratégicos deben ser capaces de integrar la retroalimentación constante del entorno, y gozar de la flexibilidad que se está dotando a la empresa. Esto no quiere decir que no haya que hacer planes, porque aportar visión a largo plazo y sugerir una dirección siguen siendo labores importantes de los líderes. No es malo que se mantenga en la empresa la curiosidad intrépida y la exploración, pero la innovación requiere un ejercicio de adivinación. Lo importante es que estos planes deben ser de más corto plazo y, sobre todo, más flexibles de lo que venían siendo en el pasado. Los planes estratégicos de las empresas ya no deben concebirse como guías incuestionables. Deben ser como invitaciones a explorar nuevos caminos desde el entendimiento de que son espacios aún desconocidos y tal vez equivocados.

Impacto en las finanzas

Lo anterior tiene consecuencias inmediatas en la manera en que se conciben las finanzas. Si los proyectos no están completamente predefinidos y el futuro es incierto, no sería sabio reservar ingentes cantidades de recursos en apuestas de largo plazo. Los proyectos se conciben ahora, como vimos, en pequeños pasos, que deben ser verificados poco a poco. En lugar de grandes presupuestos para unos pocos proyectos, cabría mantener más proyectos simultáneos, con objetivos más modestos, a más corto plazo.

Las finanzas deben acompasar el ritmo ahora más inmediato de las decisiones estratégicas. La siguiente tabla resume alguna de las diferencias entre las dos perspectivas estratégicas:

ASUNTO	ENFOQUE TRADICIONAL	ENFOQUE LEAN
Estimaciones de rentabilidad	TIR/VAN bajos y estimados	TIR/VAN altos y flexibles
Decisiones de inversión	Altos presupuestos/ pocos proyectos	Menores presupuestos/ medición y aprendizaje
Evaluación del éxito	Cumplimiento de estimaciones de TIR	Aprendizaje y mejora de las métricas de desempeño
Enfoque estratégico	De medio – largo plazo	De corto – medio plazo
Control y toma de decisiones	Control financiero de arriba abajo	Mayor integración entre áreas y toma de decisiones más horizontal

Tabla 10. Implicaciones estratégicas y financieras de las distintas maneras de gestión

Impacto en el marketing

En resumidas cuentas, la empresa debe funcionar de una manera más dinámica, como un organismo que reacciona ante su entorno. En ocasiones explora y se anticipa, pero en general reacciona con agilidad cuando detecta amenazas u oportunidades. La imagen de un pulpo desplazándose por el fondo marino me parece especialmente ilustrativa. Sus tentáculos se mueven de manera semiautónoma, y se van adaptando al terreno. La información que así va recopilando le sirve para mimetizarse y desplazarse. Todos los organismos complejos disponen de ciertos sentidos que les permiten interpretar la información del entorno y poder reaccionar adaptándose al mismo.

La empresa que estamos perfilando debe ser igualmente rica en sensores. Los equipos empoderados son, por sus propias dinámicas, mucho más eficaces para poder identificar problemas u oportunidades en su relación con el entorno, con los clientes y colaboradores; pero también, de manera más general, el marketing puede jugar un papel central en este sentido. Su función ya no debe ser primordialmente lanzar mensajes al mercado, sino también vigilarlo. Es necesario verificar regularmente que el camino emprendido esté mostrándose efectivo y nos conduzca hacia dónde queremos ir. Juega, por tanto, un papel esencial en el aprendizaje de la empresa.

Para ello, es fundamental definir y verificar las métricas relevantes, sin dejarnos cegar por las métricas de vanidad (como el número de *likes* de un post en Facebook, o el número de menciones en Twitter). Las métricas relevantes tienen que ver con el aumento de clientes y usuarios, las ratios de retención de clientes, los niveles de satisfacción, la percepción de los usuarios sobre las características de nuestros productos o servicios, etc. Estas métricas nos servirán para constatar que prosperamos adecuadamente. O por el contrario, si debemos cambiar de dirección. Es posible que haya que pivotar completamente la estrategia, si las señales del mercado no son las que esperamos. Establecemos, de esta manera, una serie de alertas fundamentales, que evitarán invertir en esfuerzos infructuosos.

El marketing es la disciplina que nos ayudará a identificar y evaluar esas métricas relevantes. Se convierte, así, en un importante sensor que nos guiará, tanteando paso a paso el éxito de nuestras iniciativas.

Veamos cómo se relaciona lo que has aprendido sobre gestión de proyectos con la manera en que se debe realizar una estrategia efectiva de marketing. Desde la perspectiva en cascada tradicional, el marketing es un último paso en una cadena secuencial de concepción, desarrollo e implantación de un proyecto en concreto.

Ilustración 16. El marketing en un proyecto empresarial en cascada

Para ser justos, el marketing también puede jugar un papel importante en la etapa inicial de análisis, si la idea surgió de un estudio del mercado; no obstante, esta actividad es puntual. En todo caso, salvo por este tipo de *input*, en esencia el marketing tradicional se concibe como una disciplina unidireccional. Su función es hacer llegar al mercado de la manera más efectiva el producto o servicio del que dispone la empresa. El producto es el que es; no se puede cambiar. Ha sido desarrollado por la empresa y la misión de los *mercadólogos* es hacer que el mercado lo acepte y lo adquiera.

Antes se destinaba un 30% de esfuerzo en desarrollar un producto, y un 70% en venderlo. Ahora se le está dando la vuelta a esta estadística, y los esfuerzos se centran en desarrollar un gran producto que ya esté en sintonía con el mercado. Esta alternativa pasa por ver cómo integrar el marketing efectivamente con la perspectiva cíclica de desarrollo de proyectos. De esta manera, el marketing es bidireccional. No solo emite mensajes hacia el mercado, sino que también los recibe del mercado, y además lo hace de manera constante y continua.

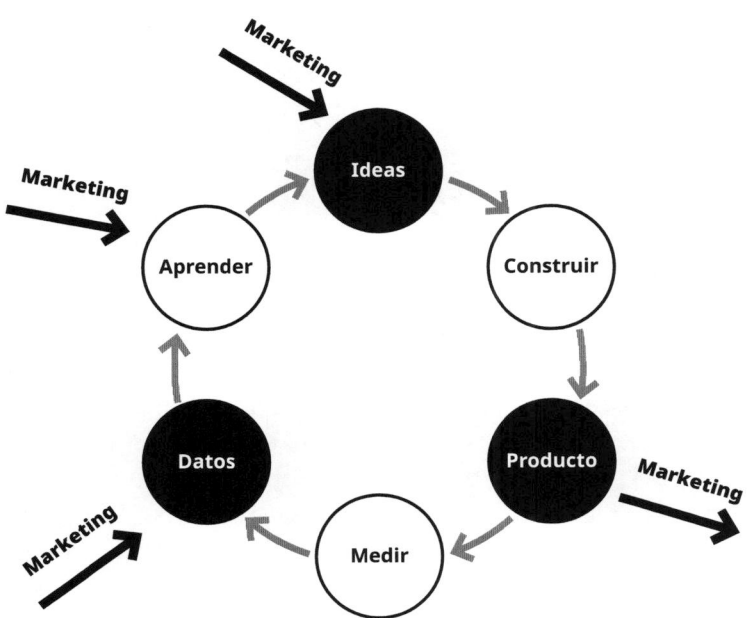

Ilustración 17. El marketing en un proyecto empresarial cíclico

El papel actual del marketing debe ser recopilar información precisa, diversa y en tiempo real del mercado. Esta es una diferencia conceptual fundamental. Su función ya no es solo colocar en el mercado los productos y servicios que tiene la empresa, sino que debe monitorizar el mercado de manera constante y asegurarse de que esa información sea interpretada en tiempo real por la empresa para adaptar constantemente su oferta de valor. Dicho de otra manera, las empresas no solo buscan influir sobre el mercado, sino que se adaptan a este.

Por lo tanto, si quieres desarrollar una empresa *organismo*, innovadora, capaz de adaptarse al mercado, deberás plantarte el papel que juega el marketing en la organización, situándolo en una posición mucho más central en la operación de la empresa de lo que ha estado hasta ahora. Se convierte, de esta manera, en una parte esencial del sistema operativo central de la empresa. Ya no puede limitarse a ser una disciplina periférica, encargada de vocear, con código propio, los mensajes de la empresa, sino que deberá recopilar eficientemente los mensajes externos e internos para la toma de decisiones de alto nivel.

Impacto en la gestión de los recursos humanos

En Natura Medioambiente decidimos cambiar el nombre del departamento de Recursos humanos y ponerle uno que, a mi parecer, es más apropiado: departamento de *Talento*.

Este es un cambio de terminología que se está dando ya en muchas empresas. Efectivamente, el término recursos humanos sugiere que las personas son como un recurso pasivo más: como si de equipos informáticos, maquinaria o recursos económicos se tratara. No debe extrañarnos que este término se popularizara en el pasado, porque ¿acaso no es coherente con la concepción que tiene la gestión científica de las personas? La idea de que el personal de la empresa es *un recurso* (una pieza más del mecanismo) conduce a una concepción de las personas como máquinas. Bajo esta perspectiva, se despoja a las personas de sus dimensiones más humanas, porque lo relevante es que sepan realizar lo que se le pide con la mayor eficiencia.

Los esfuerzos de reclutamiento se han centrado tradicionalmente, bajo esta perspectiva, en comprobar las capacidades técnicas. Se trata de encontrar individuos capaces de encajar en la posición que se requiere cubrir con una mínima inversión en formación. No sorprende, tampoco, que aspectos como la lealtad sean muy valorados. La capacidad de resistir incondicionalmente en una empresa durante años sugiere un carácter dócil y conformista, muy adecuado para la empresa-máquina.

No obstante, es evidente que este concepto de lealtad está sesgado. Muchas personas perduran en las empresas cuando son capaces de adoptar un comportamiento sumiso. La lealtad así entendida a veces también oculta falta de ambición y proactividad, o incapacidad para moverse y encontrar alternativas. Por supuesto, no será así en todos los casos, pero si se institucionalizan políticas de reclutamiento que priorizan el inmovilismo, la tendencia es lógicamente significativa. De esta manera, el éxito de una política de contratación capaz de identificar a personas resilientes (término muy en boga, y con connotaciones muy positivas entre algunos especialistas de Recursos humanos) puede conllevar, sin embargo, un lastre pesado para la empresa en términos de creatividad, innovación, capacidad de adaptación, audacia, valentía, implicación, etc.

Dicho de otra manera, poner el énfasis en las habilidades técnicas deja fuera del análisis aspectos esenciales de la capacidad de las personas para aportar valor al proyecto empresarial. Una concepción de empresa más orgánica debe poner el foco precisamente en estos otros aspectos.

En su libro *Recruiting in the Age of Googlization*, Ira Wolfe nos aporta una lista de las seis habilidades esenciales para las empresas del siglo XXI:

1. Curiosidad
2. Creatividad

3. Concienciación

4. Pensamiento crítico

5. Colaboración, y

6. Agilidad

Por otro lado, Eric Schmidt, antiguo CEO de Google, escribió junto con Jonathan Rosenberg, también alto directivo de la compañía, un interesante libro, *Cómo trabaja Google*, en el que nos cuentan algunos de los aspectos diferenciales del sistema de administración de Google y cómo estos aspectos han contribuido al éxito de esta empresa. Schmidt y Rosenberg consideran que el elemento fundamental que hace diferente a Google es su capacidad de atraer y retener a personas que ellos llaman creativas inteligentes. Son personas que no solo tienen capacidad técnica, sino también creatividad, inconformismo, visión de conjunto y entendimiento del negocio. En el libro hacen una detallada y florida descripción de este tipo de colaboradores. La descripción es extensa, por lo que comparto aquí solamente algunos extractos que resumen la visión de cómo es el colaborador ideal —el creativo inteligente— para los responsables de Google:

- Siempre se está cuestionando, se siente insatisfecha con el *statu quo*, ve problemas por resolver en todas partes y piensa que es la persona adecuada para resolverlos. Puede llegar a ser una persona abrumadora.

- Asume riesgos. No tiene miedo a fallar porque cree que en esos fallos existe por lo regular algo valioso que aprender.

- Es creativa y abierta. Colabora abiertamente y juzga y analiza las ideas por sus méritos y no por su origen.

- Se siente a gusto con los datos y puede usarlos para tomar decisiones. Entiende las falacias que esto conlleva y está en guardia contra el análisis excesivo.

- Sabe de negocios. Ve una línea directa que va del conocimiento técnico profundo a la excelencia en el producto para luego llegar al éxito comercial; y comprende el valor de las tres fases.

- Es competitiva. Sus valores parten de la innovación, pero también se basan en el trabajo duro.

- Es fuente de ideas nuevas, que de verdad son nuevas.

Tal vez hayas notado que esta visión tiene mucho que ver con la de las personas proactivas, a las que hice referencia en el capítulo 8 (también con los genios aberrantes que mencioné en el capítulo 15). Se espera de estas personas actitudes de microempresario. Son personas que no esperan que se les diga qué hacer, sino que tratan de hacer siempre lo que creen mejor, en su búsqueda de la excelencia.

¿No son estas personas también leales, cuando se implican en el éxito de una iniciativa empresarial, aunque no permanezcan durante muchos años en la organización? Se trata de un entendimiento diferente de lo que significa la lealtad.

Aunque pueda parecer difícil encontrar a personas con todas estas características (o al menos con bastante de ellas), los responsables de Google piensan (y yo también) que, por el contrario, estas personas se encuentran en todas partes, independientemente de su edad, formación, títulos universitarios, instituciones de enseñanza a las que han asistido, origen o clase social. Si se escoge un grupo de 20 personas aleatoriamente, seguro que habrá varias entre ellas con bastantes de estas características o con el potencial para desarrollarlas.

La cuestión es cómo trabajar con estas personas, y cómo permitir que desplieguen su genio. Schmidt y Rosenberg lo expresan así: las personas creativas inteligentes «son difíciles de manejar, especialmente cuando se las somete a viejos modelos. No importa cuánto lo intentes, pues jamás lograrás decir a ese tipo de personas qué deben pensar. Si no puedes decirle a alguien cómo pensar, debes aprender a manejar el entorno en el que se dedican a pensar y lograr que sea un lugar al que quieran asistir todos los días». Dicho de otra manera, Schmidt y Rosenberg participan de la misma visión de liderazgo que expuse en el capítulo 11, y entienden la relevancia de la atribución situacional. Son conscientes de que no se puede convencer a las personas para que cambien su manera de pensar, y que solo cabe trabajar sobre el sistema. No por ello dejan de buscar talento, pero es un talento con características muy concretas (lo que he llamado atribución disposicional).

A lo largo de este libro, por tanto, he tratado de explicarte cómo debes gestionar ese ambiente adecuado para las personas creativas-inteligentes. A partir de ahí debes preguntarte: ¿estamos preparados para sumar más personas de este tipo a nuestro equipo? Como alertan Schmidt y Rosenberg, estas personas no perdurarán en organizaciones estrictas que les obliguen a obedecer ciega e incuestionadamente. Estas personas triunfarán sin embargo en empresas con **equipos empoderados** y con amplio margen de acción. Si ya disponemos de ese tipo de equipos y estamos dispuestos a aceptar el reto, deberemos repensar las políticas de reclutamiento:

- ¿Cómo será el currículo de un creativo inteligente?
- ¿Qué esperaremos encontrar?
- ¿Qué podemos preguntar en las entrevistas que nos dé pistas sobre sus características?

Detallar procedimientos para resolver estas cuestiones se sale del alcance de este libro, pero si quieres acelerar el proceso de transición hacia una empresa realmente ágil y empoderada, deberás revisar también la manera en que se hace el reclutamiento en la empresa, y en base a qué criterios se encuentran y filtran los candidatos.

Conclusión

Acometer una transformación organizacional implica cambiar el sistema de gestión. No es una mera cuestión de convencer a las personas. No se puede hacer sin replantearse la manera en que se opera de manera profunda. Si no existe una visión clara e integral del modelo que se desea adoptar, cualquier iniciativa quedará condenada antes de empezar. Todo seguirá esencialmente igual, a pesar de los cambios intentados. Un primer paso, por tanto, es analizar qué se pretende conseguir: ¿Por qué deseamos cambiar? ¿Queremos cambiar para ser más rentables, para crecer, para ser más innovadores? ¿Qué nos lo está impidiendo?

A veces, cuando enseño estas ideas, algunas personas argumentan que no todos los mercados son VUCA y que hay sectores que pueden admitir una operación más tradicional de las empresas, centrada en la optimización, más que en la innovación. Personalmente opino que son pocas las industrias que hoy en día no se ven afectadas directa o indirectamente por transformaciones significativas. La tecnología es omnipresente en la actualidad, y está permeando a todos los niveles, por lo que considero poco probable que una determinada actividad económica permanezca ajena a sus efectos.

En todo caso, no pretendo cuestionar tampoco a quien considere que un modelo tradicional de gestión le es más eficaz. Cada uno es conocedor de su mercado y de los retos que afronta en el día a día. Si tu modelo ha funcionado durante un tiempo, y si estás convencido de que es el óptimo también para afrontar los retos del futuro, no te recomendaría iniciar un proceso de cambio. Mejor destinar, en ese caso, todos tus recursos a mejorar la operativa dentro del modelo que hayas elegido. No hay nada intrínsecamente bueno o malo en ello.

Ahora bien, si optas por un proceso de cambio, es importante acometerlo con convicción, y atreverte a revisar muchos aspectos que tal vez se daban por hechos. No digo que esto no requiera valentía, pero quedarse a mitad de camino puede ser tan arriesgado a la larga (o tal vez más) que no hacer nada. Una transformación parcial y timorata puede generar incomprensión y sensación de desorden. Es fácil que en esas circunstancias surjan prontas voces en contra del proceso. Habrá quien esté dispuesto a destinar grandes energías para volver al terreno conocido. El camino no está exento de riesgos, y tu mejor aliado, si te atreves a recorrerlo, serán tus propios equipos, empoderados, implicados y proactivos. Ellos serán la prueba fehaciente y temprana de que el camino es el correcto. Mantén la comunicación con ellos y sé consistente. Te garantizo que todo merecerá la pena, pero si aún tienes dudas, permíteme un último consejo. Como dijo el maestro Yoda, «No lo intentes. Hazlo o no lo hagas, pero no lo intentes».

El autor

Jorge Melero (Valencia, 1977), es ingeniero industrial de formación y MBA por la Heriot-Watt University. Ha ocupado puestos de dirección durante casi veinte años en distintas empresas del sector energético en Europa y en México.

Actualmente compagina su trabajo como directivo en una *startup* europea de generación de energía renovable, con su actividad como docente y escritor. Con este fin, Jorge fundó en 2019 la plataforma de formación *online* Empresa y Propósito, con el objetivo de inspirar a líderes, empresarios y profesionales para impulsar el cambio en la administración tradicional de las empresas hacia una gestión más eficaz, innovadora, creativa, ética y feliz.

Jorge es también autor de los libros *El bambú que quería ser enredadera* y *Uno para todos* sobre liderazgo y cambio organizacional.

Puedes contactar con Jorge Melero en
jorgemelero@empresayproposito.com

Otros libros publicados y disponibles en librerías
y nuestra web www.librosdecabecera.com

Organizaciones ágiles

Responde a las necesidades de tus clientes con equipos implicados y autogestionados

Sergi Mussons

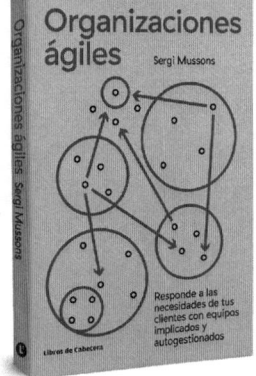

Colección: Temáticos

El sueño de muchos empresarios y directivos es ser ágiles y resolutivos en un mundo competitivo. El sueño de muchos trabajadores es desarrollar sus tareas con satisfacción y buen ambiente. ¿Son anhelos utópicos?

Organizaciones ágiles demuestra que una empresa puede enfocarse estructuralmente para cuidar a sus clientes, crear suficiente liderazgo y organizarse para ejecutar procesos y proyectos en tiempos récord.

En este libro Sergi Mussons, ingeniero especialista en desarrollo de equipos de alta implicación, comparte su fórmula de éxito, que consiste en combinar de forma inteligente las nuevas estructuras organizativas, el liderazgo de soporte, las técnicas de QRM y Agile para conseguir rapidez y calidad en la producción, y el respeto a las personas. El resultado son equipos responsables, que rinden más, y empresas de éxito. ¿Te ves en una empresa ágil? Muchos lo han conseguido, y cada día más.

Otros libros publicados y disponibles en librerías
y nuestra web www.librosdecabecera.com

Organizaciones azules: líderes de la era digital
Cómo son y cómo actúan

Alberto Degado y Alfonso Ramos

Colección: Temáticos

Hasta Copérnico, nadie se había planteado que la tierra pudiera no ser el centro del universo... y ese paradigma cayó. A estas alturas, con un mundo que gira a una velocidad vertiginosa, ¿todavía queda alguien que piensa que una empresa solo puede organizarse de forma jerárquica, con departamentos y áreas funcionales, como una máquina de producción perfecta? Otro mundo es posible y tenemos que construirlo.

Después de entrevistarse con más de un centenar de directores generales, Alberto Delgado y Alfonso Ramos han constatado las fortalezas y las carencias de las empresas y sus líderes para proponer un nuevo modelo: **las organizaciones azules**. Los directivos les han manifestado que el control taylorista está obsoleto y que otro tipo de liderazgo es mucho más eficaz.

Las nuevas empresas van a estar caracterizadas por ocho competencias clave, que son las que les permitirán competir de una forma distinta, más resolutiva y con mayores éxitos que la competencia. Estas ocho competencias se desgranan en *Organizaciones azules: líderes de la era digital*, una obra que detalla cómo son estas empresas, cómo actúan y cómo convertirse en una de ellas.

Libros de Cabecera
Newsletter

Si te gusta el mundo de la empresa, quieres progresar profesionalmente, o simplemente, necesitas ponerte al día, inscríbete en la newsletter de **Libros de Cabecera** y te informaremos de nuestras novedades y de eventos con los autores.

Escanea este código QR para acceder a la inscripción: